梦山书系

书香润童年

王莉亲子共读实践

王莉 ◎ 著

海峡出版发行集团 | 福建教育出版社

图书在版编目（CIP）数据

书香润童年：王莉亲子共读实践/王莉著. —福州：福建教育出版社，2018.3
ISBN 978-7-5334-7824-7

Ⅰ.①书… Ⅱ.①王… Ⅲ.①阅读－儿童教育－家庭教育 Ⅳ.①G781

中国版本图书馆CIP数据核字（2017）第197730号

Shuxiang Run Tongnian

书香润童年
王莉亲子共读实践
王　莉　著

出版发行	海峡出版发行集团
	福建教育出版社
	（福州市梦山路27号　邮编：350025　网址：www.fep.com.cn
	编辑部电话：0591－83716736
	发行部电话：0591－83721876　87115073　010－62027445）
出 版 人	江金辉
印　　刷	福州万达印刷有限公司
	（福州市仓山区橘园洲工业园仓山园19号楼　邮编：350002）
开　　本	890毫米×1240毫米　1/32
印　　张	6
字　　数	139千字
版　　次	2018年3月第1版　2018年3月第1次印刷
书　　号	ISBN 978-7-5334-7824-7
定　　价	28.00元

如发现本书印装质量问题,请向本社出版科（电话：0591－83726019）调换。

目　录

序：妈妈读书　孩子读书
自序：亲子共读　美妙之旅

第一辑　阅读点亮心灯——为什么要带孩子读书
为了过精神生活 /1
书是最忠实的朋友 /3
不读书的人受眼前世界禁锢 /5
读书抵御电玩 /7
读书乃人生一大乐趣 /9
读书教会你说话与思考 /11
读书替代追星 /13
何以解忧？唯有读书 /15

第二辑　阅读有道亦无道——这样带孩子读书
如何给孩子养成天天读书的习惯 /17
反对功利性阅读，倡导诗意地阅读 /20
让家里随处可见书 /25
常常和孩子聊读书话题 /26
不错过向孩子推荐好书的机会 /28
请爸爸们多给孩子读书 /31

孩子是天生的诗人 /33
到生活中体验课文 /41
孩子不感兴趣的书不强求 /42
阅读活动领进门，长期阅读靠个人 /45
把书中故事演成舞台剧 /46
量身定制读书方法 /49
孩子自己的书房 /52
和孩子分享读书故事 /56
寒暑假是孩子自由阅读的好时光 /58
从"触摸科学"爱上自然科学书 /61
认真对待孩子关于书的提问 /65
家人共同喜欢的书 /66
珍视孩子对书的渴望 /68
假期推荐书单里没有中国书 /70
参加学校的读书活动并作延伸阅读 /71

第三辑　书香滋养童年——带孩子读哪些书

《让路给小鸭子》抚慰了孩子的童真 /73
《青蛙弗洛格的成长故事》：每个孩子都曾有过飞天梦想 /75
永远的《巴巴爸爸》/77
和孩子一起直面《各种各样的害怕》/79
《猜猜我有多爱你》教会孩子表达爱 /82
《帕丁顿熊》：感恩教育可以如此不动声色 /86
《大红狗去旅行》触及孩子内心的柔软 /89
连大人都爱看的《儿童好奇心大百科》/91
《狐狸树》教你如何与孩子谈生死 /94
《猫和老鼠》：每个男孩子都爱恶作剧 /97

《奇先生妙小姐》：世界真奇妙，多元而包容 /101

为什么孩子喜欢《开明国语课本》/103

《荒岛历险》让孩子爱上数学 /107

为什么大人孩子都爱看《窗边的小豆豆》/109

《穿越时空》带孩子轻松遨游科学世界 /113

《丰子恺儿童文学全集》：孩子们的大朋友 /115

《中华成语故事大全》带你领略中国文化 /119

带孩子静静地读《读者》吧 /121

第四辑　书香环绕身旁——给孩子讲身边的读书故事

读书先生包祥 /124

笔记公主和写话王子 /128

带俊哥看望我的"读书指导老师"/130

在北京的第一张书桌 /134

唱着《时间都去哪儿了》读朱自清的《匆匆》/137

代代相传的《伊索寓言》/139

世界上译本最多的 50 本书，你读过几本 /141

厚厚的车书看得入迷 /143

音乐文学两相宜 /144

"亲子共读"摄影展 /146

读恩师写的书 /150

曼曼的改变 /152

爱读书的保安叔叔去哪啦 /154

小麦当店长啦 /158

读书人一定有办法 /160

跋：读书写作　生命之爱 /165

序

妈妈读书　孩子读书

包祥

我是读书人，又是写书人，当然喜欢书，又喜欢读书人和写书人。

王莉是我的学生。我一直主张"但开风气不为师"，因为看到王莉对书的痴迷，也就"破格"收为弟子。

读书为什么？为什么读书？如何读书？读什么书？这是许多青年朋友经常问我的问题。我说，读书，读就是了。我经常去全国各地讲学，其中一个重要的内容是讲读书。我说人吃饭是生命的延续，读书是生命高质量的延续。

老师是学生的示范，以读书为最好的示范。读书的老师会以厚重的文化、开阔的视野影响着学生。

妈妈是孩子的示范，以读书为最美的示范。读书的妈妈会以举手投足的优雅和氤氲的书香气熏陶着孩子。

《书香润童年——王莉亲子共读实践》一书的作者王莉就是一位爱读书的妈妈，一位以读书影响自己的大宝二宝的好妈妈。

当你读《书香润童年——王莉亲子共读实践》，就会得到为什么读书，如何读书，哪有时间读书等问题的答案。

在《书香润童年——王莉亲子共读实践》一书中，王莉文章的题目就非常好。如"认真对待孩子关于书的提问""珍视孩子对书的渴望""诗意地阅读""阅读活动领进门，长期阅读靠个人"……

王莉是一位读书妈妈。妈妈读书当然会影响孩子读书。一位玩微信的妈妈，一位打麻将的妈妈，一位唠叨的妈妈怎么能影响孩子读书呢？

2014年7月底，我的新书《自然生长教育——包祥讲家教八部曲》和王莉的新书《童年可以如此美好——家教八部曲实践篇》在北京西单图书大厦举行了新书发布暨签售活动。活动现场王莉的大宝激动不已，一会儿抱书，一会儿读书，一会儿签书，一会儿跑到主席台上，摆上自己的名签……

妈妈是孩子的示范，孩子是妈妈的影子。

王莉的语言很美。她在书中以女性的语言，以妈妈的语言，在同读者聊读书，聊读书的故事，读书的场景，读书的心得，读书的情怀，聊妈妈与孩子读书的那些事儿……

王莉在书中说：可能有些家长很忙，随口答应孩子买书，但一拖再拖，甚至最终一直没买。这样做的损失，不只是没看到一本书那么简单，而是给孩子带来失望，伤害了他对书的感情，对书的如饥似渴、迫不及待的渴望。这种宝贵的渴望很可能就逐渐淡漠了。

王莉说：我自己就有这种体会。有时候在书店偶遇一本心仪的书，不习惯于电子阅读的我一般都会马上买下来。不去想要不要网上比比价格啊，要不要等节假日优惠啊。因为，我怕和这本书的缘分就因为这"等一等"和"比一比"擦肩而过。漂亮衣服可以等，家用电器可以比，唯独书，我是无条件购买。并且，我就喜欢阅读纸质书，那种愉悦，那种优雅，绝不是电子阅读可以比拟的。

关于妈妈如何读书？王莉说：我们带孩子阅读，要特别警惕功利心，不要带着让孩子识字、懂道理、爱读书等种种目的去阅读。我非常欣赏这种淡淡的读书心态。王莉说：读书就像喝水吃饭一样平平常常，只是每日生活所需，不需要惊天动地。有些书，教给孩子知识；有些书，教给孩子道理；有些书，带给孩子美感；有些书带给孩子趣味。有时候让孩子读一些"无用之书"反而弥足珍贵！

王莉浪漫的语言，在她"诗意地阅读"等章节里有体现。王莉说：俊哥出生了，我们常常带着他浪漫读书。春天来了，在公园草地上，拿出几本书，对着花红柳绿来一句"不知细叶谁裁出，二月春风似剪刀"。这时候，孩子看看公园里的柳树，就很能理解诗句的内涵了。我特别喜欢那句"人间四月芳菲尽，山寺桃花始盛开"，每次暮春郊游，到山里就会发出这句感慨。俊哥听了几次，也很有体会。这种自然科学的分享也很诗意。夏天到白洋淀看荷花，蓝天白云之下，碧波荡漾之间，"映日荷花别样红"的意境就出来了，美轮美奂，妙不可言。秋天，是北京最美的季节，京郊的红叶美得无与伦比，这时候来一句"霜叶红于二月花"是相当恰切的。

王莉是一位有责任的学者。她看到"学校的假期推荐书单里没有中国书"时，呼吁读者朋友带孩子读我们自己的书吧。她说：看看丰子恺的书与画，也是白纸黑字黑线条，多么有意境，中国文化之"儒道释法"都能从简简单单的线条里流淌出来。看看那"人散后，月如钩天如水"，澄澈得不可名状。《丰子恺儿童文学全集》里的《给我的孩子们》《少年美术故事》《少年音乐故事》《中学生小品》等系列，写的全是孩子们的故事，俊哥看了爱不释手，百看

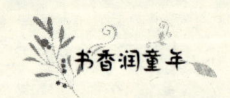

不厌。

《书香润童年——王莉亲子共读实践》在我案头，清新淡雅，一看就不是那些大红大绿高喊口号吸引眼球的书，是"随风潜入夜，润物细无声"，是让许多妈妈、爸爸、老师喜欢久远的书。

读吧，我亲爱的读者朋友们。

(丁酉年春于自然生长教育研究院)

包祥，自然生长教育创始人，中国教育家大会副理事长，北京市中小学外籍学生教育研究会副会长。曾任省重点中学校长和大型民办学校校长20年之久，潜心研究家庭教育，先后到美、日、英、法、德等30多国访问讲学，创立了"家教八部曲"，在北京、青岛、深圳、郑州等地讲学三千余场。著有《教育原来如此美好》《童年是属于大自然的》《自然生长教育——包祥讲家教八部曲》《美的邂逅——中国文化的教育启示》等。

自序

亲子共读　美妙之旅

王莉

读者朋友们在读了我的《童年可以如此美好》《陪伴的力量》等书之后,来问我:"你认为什么样的童年是美好童年?怎么陪伴孩子是最有力量的陪伴?"

我说,孩子有很多很多的自由时间,读很多很多的书,走过很多很多的路,欣赏很多很多的风景,精神世界非常富足,个性发展非常自在,就是我认为的美好童年。陪孩子读书就是最有力量的陪伴。

所以,这些年,我带孩子真真正正地读万卷书行万里路,用实际行动给他创造美好童年。大宝是小学生了,我尊重他的自主意志,没有给他报任何课外班、兴趣班、补习班等,我给他留出自由时间,干吗呢?读书、运动、旅行、聊天——这是我认为父母应该多和孩子一起做的四件事。二宝虽还小,我们也坚持天天给他读书,他自

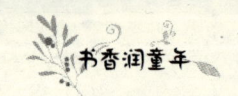

己已经很会"乱翻书"了。

这些年我带孩子走过很多地方，足迹遍布山水之间，一路走着，读着，聊着，看着孩子精神饱满，时不时在大自然在书香中散发出灵性之光，我觉得好满足。

读书的时候，孩子的眸子那么明亮，闪着聪慧与灵气之光；

读书的时候，孩子的笑容那么灿烂，享受着阅读的乐趣与幸福；

读书的时候，孩子的神情那么专注，就是玩具和美食也不能打扰到他；

读书的时候，孩子的求知欲那么旺盛，总是读完一个故事要求再读一个；

读书的时候，孩子的提问那么活跃，总能想到我们想不到的妙趣横生的问题；

读书的时候，孩子的笑声那么爽朗，总能从我们看着平淡无奇的故事里找到兴奋点……这就是孩子，可爱的孩子！

我特别欣赏孩子读书时的状态，那么放松，那么美好！伏尔泰说，读书使人心明眼亮。父母的责任，在于保护孩子的心明眼亮！

这些年作为儿童阅读推广人，我以"推动每一个家庭阅读，推动每一个孩子阅读"为己任，以"推动哪怕一个家庭一个孩子每天多读十分钟书"为乐，对身边人不厌其烦苦口婆心地劝读，有一点点效果我就暗自高兴——知我者谓我心忧，不知我者谓我何求！

这些年推广阅读，俊哥就在我身边，他跟着我、看着我、听着我劝读、带读、领读，相信对他自己也是很好的触动。或许他的爱读书和妈妈的这些行为对他的潜移默化不无关系。有书读的童年是丰盈的，有爸爸妈妈领着一起读书的孩子是幸福的。

书香洋溢千万家，这是一个呼唤，一个邀请，一种传递，一种力量！家长们带孩子读书吧，让书香洋溢你们家，让读书改变你我他！让书香洋溢千万家！

这些年作为儿童阅读推广人，到各种场合向各地家长孩子们推广阅读，常常有家长问我："怎么才能让孩子爱上阅读？应该怎么带孩子读书？当妈妈这么忙又要上班又要带孩子哪有时间读书啊……"

其实人只分两种：读书的和不读书的。

不读书的人不能理解读书的人：哪有时间读书啊，书有什么好读的，读书到底有什么乐趣让你如此痴迷？

同样，读书的人也不能理解不读书的人：三日不读书则面目可憎语言乏味，人怎么可以不读书呢？

作为父母，我们给孩子最高贵的礼物或许就是让他爱上读书。而让孩子爱上读书的最好示范就是：父母本身是爱读书的人。

读书如呼吸空气，如此自然。

读书如锻炼身体，不可或缺。

读书如吃饭，不吃会饿。

爸爸妈妈们每天都留出点时间和孩子一起读书，和孩子一起享受阅读，就这样，一天天，一月月，一年年，读书成了你和孩子共同的习惯与乐趣，何乐不为？何难之有？

一些妈妈，可以为了给孩子买一件衣服在网上逛好几个小时，却想不到去给孩子买书，和孩子一起读书；

一些妈妈，可以为了给孩子挑选一个水壶研究半天，却没想过给孩子选择书籍也要精挑细选；

一些妈妈，可以为了给孩子报各种学习班花好多的钱和时间，却每天拿不出十分钟和孩子一起读几页书……

还好，越来越多的妈妈意识到读书的重要与可贵，并且积极地行动起来。可是：

一些妈妈，以为给孩子一个手机或PAD，里面下载了好多电子书，就是带着孩子在读书了，却从不读纸质书；

一些妈妈，以为读书一定要有什么"氛围"，过于依赖读书会，喜欢在热闹的群体中读书，却忽略了培养孩子独自安静阅读的习惯；

一些妈妈，以为读书是一种文艺表演，给阅读加上过多文艺色彩，却忽略了读书本身是件很朴素的事情；

一些妈妈，以为读书就是读图，热衷于给孩子读绘本，却极少接触纯文字书籍……

电子化、碎片化阅读，这读的不是"书"。读电子书的人，很少真正"进入读书状态"，他只是在浏览信息，他只是在满足刷屏，他只是在自我蒙蔽：我在读啊，读了好多啊。但是他并不知道自己在读什么，那些碎片化、速食化的信息只会急功近利地告诉他结果，却丝毫不启发他去思考去质疑去揣摩去消化。电子化阅读只是大容量地被动接受，没有读者主体的主动思考过程，我想，"主动思考"这应是一个衡量是否真正读书的标准。

读书不依赖群体。诚然，读书会是非常好的读书形式，读书人在一起交流可以分享心得、沟通见解、互相促进。但它始终是一种非"常态"的读书方式，归根结底，读书还是靠自己，"修行在个人"。真正要把读书作为一个习惯长期来坚持，真正要把读书作为一种信仰一生去追求，那么，"一盏秋灯夜读书"才是常态。妈妈们要趁早让孩子知晓，读书本与热闹无关，孩子你要静得下心来自己读书，这样才能长久享受到读书的最深层次乐趣——读书是与高贵的灵魂对话，读书是与自己的内心相照。

读书不是表演。偶尔把一些书搬上舞台，读一读，唱一唱，演一演，当然是好事，可以增加读书的兴趣，可以调剂读书的氛围，可以拓展读书的形式，我本书中有一文《把书中故事演成舞台剧》专门写此。但这不是常态。读书本身是件很朴素的事情，你坐在那，一本书，一盏灯，一杯茶；你又不坐在那，因为你已进入到书中的故事、书中的思想，与相隔几千年、相距几万里的作者的灵魂对话。这样一种朴素，虽无任何表演之"秀"，却是何等华丽与壮观啊！

读书不是读图。好的绘本也的确带给孩子很好的精神滋养，尤其在孩子识字之前，读图读绘本是非常好的阅读方式。但是我们不要让孩子误解读书就是读图或以读图为主，也不要让孩子以为书就应该图文并茂花花绿绿。最好早一些让孩子知道，伴随人类几千年的白纸黑字的书籍，在最朴素的色彩里绽放着最伟大的力量，展示着最真实深刻的人性。

所以，在读书这件事上，我想通过本书向读者传递我的这些观点：

读书是很私人的事情，归根结底，大多数时候读书是你自己，你一个人，在读。是的，你就是一个人在读。读书是很私人化的精神享受，你要享受得了寂寞才能享受得起读书。

读书仍应以默读为主，学校里老师让孩子们高声朗读，这固然是读书的一种重要形式和好的方法，当下流行的《朗读者》节目也确实很好地带动了人们读书，但一定不能让孩子失去了默读的能力。默读时可以默默地思考、比较、推敲、揣摩，可以自由地停下来重复看、反复想。默读的时候，在安静中我们潜入书里，我们静读，我们沉思，我们陷入，我们涵泳，我们把书由厚读薄，再由薄读厚……整个世界都安静下来，我们在书中优游，我们与作者神交。

读书有道亦无道，阅读当然有一定的方法，许多大师大家也撰文传授过他们的阅读之道，是为"有道"；但阅读方法又非常非常地因人而异、因阶段而异，不同人在自己的不同年龄、不同阶段对阅读方法又有不同的体悟。所以，每个人的读书方法要靠自己在长期的阅读实践中去积累去感悟。

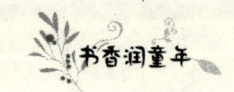

我带孩子读书，没有太多热闹的场面，没有太多朗读的激昂，没有太多的方法、主义，就是两个人，一本书，读起来。

读着读着，读出了那些美丽的读书故事，那些美妙的读书情怀，那些美好的书籍……

家教不是说教是示范。同样，我们在带孩子阅读时，也不要说教，要传递阅读的美好体验；我们在写书教父母如何带孩子阅读时，也不要说教，要娓娓道来阅读故事，行云流水般呈现阅读情怀，讲述读书人、读书事、读书场景的美妙。不动声色中，阅读推广已然"轻舟已过万重山"。

大谈读书方法的书很多，其大背景是国人读书的越来越少。假如换成吃饭，自然不必大谈吃饭之方法。现在推荐书目的微信也很多，琳琅满目，目不暇接，让人有点无所适从。

如果你不打开书本，不开始一个读书的行为，不进入读书状态，那么旁人再怎么大谈读书方法再怎么大力推荐书目，那都是一厢情愿、徒劳无功的。

"进入读书状态"，是一种很好的状态。进入了这个状态，读着读着，你就摸索出了适合自己的读书方法。因为是适合自己的方法，切合自身实际，自己也喜欢，所以用起来如鱼得水，得心应手，并且效果挺好，渐入佳境。读着读着，你就培养出了鉴别力，就能对市面上形形色色的推荐书目形成自己的判断和取舍，不再被荐书牵着鼻子走，不再集体无意识地追逐所谓的畅销书，不再随波逐流去读书。

写此书，写着写着，常常心花怒放。既是在回顾这些年带孩子读书的历程，同时也回望自己这半生的读书史；既是和孩子一起回味带他读过的每一本书的美好，也是回想自己这几十年来遇到的好书好人……好幸福！

如果说世间有一件事能给你深刻、持久、丰富、多样的幸福感，那就是读书！

生活有多丰富，关于阅读的素材就有多丰富，因为，阅读即生活！阅读即我们时时刻刻接触到的一切——如果阅读成为你和孩子的习惯，那么祝福你找到并享用着天下第一好事——读书！

我带着我的大宝二宝读着书，一路走来，交着朋友，品着书香，看四季更替，分享朋友们的读书心情……这是一幅多么美好的读书画卷，孩子的自然生长道路，其实就是一段美妙的读书之旅！

随意阅读、自由阅读、趣味阅读是我欣赏的阅读状态。"法无定法"，放手让孩子选择，允许孩子一阵子喜欢读这类书，一阵子又找出之前读过的书来看——一定要让孩子享受到读书的乐趣，带孩子读书一定不要带着功利心。如果能让孩子觉得读书好玩、有趣，发自内心地去找书读，这岂不是最成功的阅读指引？

随时随地读书。每天晚上，睡前，一家子围在一起读读书，这是一天中最幸福的时光！郊游、旅行，带着书，哪怕只是闲暇时翻几页，也能翻出无尽风雅！让书本和牙刷一样必不可少，让读书和刷牙一样天天坚持，多么好！

读吧，妈妈们，爸爸们，孩子们。

让生命在阅读中高贵与优雅！

这是我自己创作的赞美读书的小诗，与读者朋友们、爱书的朋友们分享。

《读书如此美好》

读书像阳光，虽抓不住，却天天照耀；

读书像空气，虽摸不着，却时刻呼吸；

读书像家人，虽不表白，却惺惺相惜；

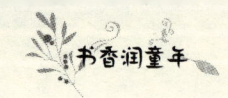

读书像朋友,虽不常见,却心心相印;
读书像吃饭,一日三餐,而不离不弃;
读书像喝水,自然而然,而无需意义;
读书像旅行,走在路上,却不计目的;
读书像习惯,不需觉察,却挥之不去;
读书像休闲,只需享受,却不要功利;
读书像爱情,只问耕耘,却不问收益。

  读书丰富了你我,

  读书开阔了你我,

  读书陪伴了你我,

  读书提升了你我,

  读书改变了你我,

  读书慰藉了你我,

  读书润泽了你我,

  读书启迪了你我,

  读书愉悦了你我

  ……

(丁酉年春于北京清风明月轩)

第一辑　阅读点亮心灯
——为什么要带孩子读书

我结合自己多年读书的体悟,把读书的意义总结为50个字:"增长其见识,开拓其视野,解释其疑惑,分担其忧虑,快乐其心情,修炼其心性,提升其悟性,陶冶其性情,丰富其精神,愉悦其灵魂。"如果你爱上了读书,那么衷心祝福你找到了人生最幸福的一种生活方式——读书,找到了人生最持久最忠诚的乐趣——读书之乐。

为了过精神生活

2016年猴年春节,我们难得在北京过年,没有出国旅行,也没有回南方老家。由于我们夫妇俩都社交甚少,所以这个春节假期就显得时间宽裕起来。我打开好久没怎么看的微信朋友圈,一来和朋友们拜拜年,二来也看看有没有什么好文章。

可是,越看越失望。朋友圈里不是抢红包就是无聊的群聊。我根本不会抢红包,已经用了好几年的手机就没有这个功能——而我也执拗地不换手机,不愿意被日新月异的高科技裹挟着,成为技术和物质的奴隶。我早已厌倦了这样的"群居终日言不及义"的群聊，这也是我已基本不怎么看微信的原因。我把手机请出书房，继续我的读书写作。先生和孩子在一旁各自读书，自得其乐。我好喜欢这样安静的春节，岁月静好，精神丰茂。

想来，没有多少家长希望自己的孩子庸俗吧？所以自己省吃俭用送孩子去学钢琴，送孩子去学高尔夫球，送孩子去参加国外游学……可是，为什么不让孩子爱上读书呢？

如果你的孩子爱上了读书，他就不会沉迷于抢微信红包而不能自拔，因读书而高贵的他，就会鄙视这些蝇头小利而珍惜自己的宝贵时间；

如果你的孩子爱上了读书，他就不会沉浸在毫无意义的群聊里打发时间，因读书而忙碌的他，根本舍不得浪费时间去说些不痛不痒的话；

如果你的孩子爱上了读书，他就不会被机械重复的电子游戏迷得颠三倒四，因读书而自省的他，即便不"日三省乎己"，也会不时地自我对话，问问自己的感受，看看自己的状态，然后让自己远离低俗，去做更有意义、更让自己精神愉悦的事。

常有来咨询的家长问我，王老师你希望你的孩子成为一个怎么样的人呢？我不假思索地回答四个字："欢欣颖悟"。"欢欣"，是快乐，我要我的孩子开开心心高高兴兴，童年美好人生幸福；"颖悟"，是聪慧灵气有悟性，我希望我的孩子有智慧。智慧从哪里来？除了从自身的生活实践的直接经验来，再就是从读万卷书的间接经验来。我希望我的孩子读万卷书行万里路，看世界视野开阔，读经典思想丰富，过上幸福的精神生活！

孩子为什么要读书？为了过精神生活。孩子为什么要过精神生活？因为孩子也是人，是如此特别的个体，是如此独立的生命，孩子的思想与精神不容小觑。

不读书，怎么能远离庸俗呢？不读书，怎么能独立思考呢？不读书，怎么能品位优雅呢？只有读书，才能让他骨子里高贵，才能让他精神之树长青。

当我从工作室下班回家，看到孩子撅着屁股在那读书，读得如痴如醉，读得津津有味，读得乐在其中，我抑制住想大叫他名字的渴望，安静立在一旁，不忍打扰他，瞬间对他肃然起敬——这么点儿大的一个孩子，谁能说他的精神世界就不丰富不开阔呢？他已经在通过读书这一多么美好的方式，自主地过上了属于他自己的精神生活，这是多么的可喜可贺和可敬！

作为全民阅读推广人，我和我的老师、同仁们，时时处处推广读书，苦口婆心地劝人读书；作为儿童阅读推广人，我恳请家长们拿起书，翻开书，多读书，然后才能影响、带领您的孩子读书，才能让您的孩子爱上读书、过上丰富开阔的精神生活！这才是我们中国人该有的状态和境界。

为了远离庸俗，过精神生活，请家长们和孩子一起读书吧！

书是最忠实的朋友

常有家长抱怨，现在的孩子没有玩伴，没有朋友。我当然赞成孩子们多些玩伴好，多些朋友在一起玩，对身心健康都有益，那是另一个层面的话题。也有家长说，之前的独生子女政策导致许多孩子没有兄弟姐妹，不然就能一生相伴。

我有两个姐姐，一个大我五岁，一个大我七岁，可能因为年龄差得多，可能因为她们俩就互相是伴，所以小时候她们俩也不怎么带我玩。长大了，三姐妹分居三个城市，一年也就在一起几

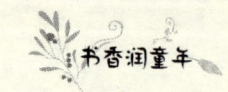

天。感情当然很好，但真正的相处实在是少之又少。我问过身边其他朋友，兄弟姐妹真正在一个地方的也不多，即使在一个地方，平时各忙各的也难得一聚。再亲的兄弟姐妹，再好的朋友，也没有那个最忠实的朋友来得实在——书。

书是最忠实的朋友。只要你愿意，随时可以带在身边，与你如影随形；随时可以打开一读，与你时时相伴；随处都能触摸到她、感知到她，好书无处不在；而她对你毫无要求，绝不要你回报。著名作家毛姆说，几乎没有一种工作能像阅读这样，随时随地可以开始，一旦有紧要的事要做时，又能马上放下。

书是多么好的一位朋友，无言无语，无欲无求，娴静贤惠。不管你带她去哪，如何待她，她都安静地陪伴着你。当你苦闷时，她安慰你；当你困惑时，她开导你；当你喜悦时，她助兴你；当你忧郁时，她照亮你。

养成了阅读习惯的孩子，能够享受属于自己的美丽的寂寞时光——和他心爱的书在一起。再热闹的聚会也要散场，再要好的朋友也要回家，再默契的兄弟也有自己的事情。唯有书，是孩子最忠实的朋友。当聚会散去，当朋友离去，当兄弟也各奔前程，只有书，还在那儿，安静地等待你继续读她——请你享受一段属于自己的私人时光和精神盛宴。多么美好！

在我那寂寞的童年里，在大我许多的姐姐们都不带我这小屁孩儿玩的少年时代，我的最好的朋友是书。漫长的暑假里，寒冷的寒假里，窝在自己屋里或去图书馆读书是我莫大的享受。有了书，我有无穷的乐趣、无限的期待，读完一篇还要读，读完一本还想读，读完一个系列又开启下一个系列。有了书，我不怕没朋友，不怕没人玩，不怕天黑了没地方去，不怕作业写完了没事干……我有那么多书要读，时间都不够用呢。我的童年时光、少年时代，就是在一本本书的陪伴下充实起来、丰富起来的。在那物质匮乏的年代，我努力让自己的精神世界长青。在那没人玩的孤独的童年里，我的内心从没有感到过无助的寂寞——我和书一起享受珍贵的寂寞——寂寞也是如此美丽！

亲爱的家长们，请让你的孩子爱上读书吧，请早一点让你的孩子知晓，世界上最忠实的朋友是书。学会独处，爱上读书，则内心不会孤独——因为，读书可以和形形色色的人物对话，可以去到我们的身体所不能到达的广袤无垠的远方，可以把我们的思维拓展到无边无际的美丽新世界！

不读书的人受眼前世界禁锢

我所喜欢的文人、我的福建老乡林语堂先生有一句关于读书的名言："没有读书习惯的人受眼前世界禁锢。"我非常欣赏和认同他的这句话。

的确，不读书的人是受他自己的眼前世界所限制的，犹如井底之蛙，只能看见他自己头顶上那一角天空，永远不知道世界之大。

在我看来，人的一生数十载，何其短暂，因为时间、精力、金钱的局限，人一辈子能去到的地方、能经历的事情实在有限。在人类漫长的几千年文化面前，我们所能亲历的实在是少得可怜，如沧海一粟。那么，如何把我们有限的人生，活出最开阔的宽度来呢？除了旅行，便是读书。旅行很受时间、健康、金钱的制约，即使能去到世界各地，也不可能长居当地，深入了解当地文化。大多数人的旅行，就是蜻蜓点水浅尝辄止。所以，比起旅行，更好地了解世界的方式就是读书。

所以，我以为，读书的人可以不受眼前世界的禁锢，可以藉

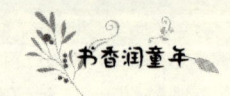

由书本而看得更多、更远、更多元、更丰富。通过读书，可以读到距离我们几千年的人和事，知道和我们一样的人类，在不一样的时代里迥异的生活；通过读书，可以和与我们时隔几千年的伟大灵魂对话，读到前人的独特思想与深刻体验；通过读书，可以去到我们终其一生可能都无法抵达的角落，欣赏那里的风土人情。

所以，亲爱的家长朋友们，如果想让孩子视野开阔、心胸博大，那么请带孩子读书吧。正如林语堂先生所言："当我们把一个不读书者和一个读书者的生活上的差异比较一下，这一点便很容易明白。那个没有养成读书习惯的人，以时间和空间而言，是受着他眼前的世界所禁锢的。他的生活是机械化的，刻板的；他只跟几个朋友和相识者接触谈话，他只看见他周遭所发生的事情。他在这个监狱里是逃不出去的。可是当他拿起一本书的时候，他立刻走进一个不同的世界；如果那是一本好书，他便立刻接触到世界上一个最健谈的人。这个谈话者引导他前进，带他到一个不同的国度或不同的时代。"

读书除了有如此奇妙的"旅行"效果，能让孩子大开眼界，还有可贵的"思想和反省"价值。恰如林语堂先生所言："读者往往被书籍带进一个思想和反省的境界里去。"而这个好习惯，可以让孩子受益一生。

在这物欲横流的时代，我们多么害怕孩子沉迷物欲，又多么担心孩子迷失自我——怎么办呢？最好的办法就是让孩子从小爱上读书，读那些好书，和高尚的灵魂对话，孩子就会慢慢地学会"思想和反省"，就不会被物欲左右，就能始终知道精神生活的价值与乐趣。就能在这急剧变化的时代里，永葆灵性，永远坚持理想并为之努力——这不正是孩子的最好状态吗？

读书抵御电玩

每当有家长来咨询我"怎么让孩子不再沉迷于玩手机玩电脑游戏"这样的问题时,我总要先问他们两个问题。

第一个问题:"你家孩子有阅读习惯吗?"

大多数家长摇摇头:"没有,他天天玩游戏,哪里会爱阅读啊!"

我接着问第二个问题:"你本人有阅读习惯吗?天天都读一会儿书吗?"

同样,大部分家长摇摇头:"没有,天天工作都很忙,哪里有时间读书啊!回家还要管孩子,哪里顾得上!"

这时候轮到我摇摇头了:"那,您咨询的这个问题想要解决,难度挺大的。"

是的,如果一个家长、一个家庭里没有读书习惯和氛围,那孩子是很难自己爱上读书的;而不爱读书的孩子,被容易上瘾的电脑游戏迷住的可能性就大很多。

养成读书习惯、享受读书乐趣、进入读书状态的孩子,他自身有抵御电脑游戏的一层"防护膜",这层可爱的"膜"将孩子笼罩在单纯而高雅的阅读氛围里,能将电玩的诱惑力推出很远很远……我不能说,爱读书的孩子一定不玩电脑游戏,尤其当朋友聚会时,同龄人一人一本平板电脑都在玩,他也从众一次,参与其中,这是人之常情,我们成人尚且如此,何必苛求孩子。不过据我多年观察,爱读书的孩子迷上电玩的可能性比不读书的孩子低很多。他们偶尔也玩一玩,但不会着迷,不会深陷其中不能自拔。一旦聚会散去,各回各家,他依旧回到自己的书房里,和书

继续做好朋友——这就是进入了读书状态的孩子。就像我们家大宝俊俊，平时在家从不玩电脑，业余时间我们不是读书就是运动、旅行。朋友聚会时，其他孩子都在玩游戏，他当然没法坐怀不乱——任何时候不要苛求孩子去做连我们大人都做不到的事情——他也会笑眯眯地加入其中，也会和同龄人一起玩一玩，也会很投入。但是聚会结束，我们回家，他不会沉迷在游戏里，他会回到他的读书世界。

那个被电脑游戏迷住了的孩子，即便和我们一起在大自然里玩儿，玩到高兴时会说："呀，大自然里这么好玩啊！我以前怎么不知道？"因为他平时太少走出去，太少走入大自然奔跑跳跃。难得一次入大自然，他觉得新鲜好玩。但游戏的"毒瘾"在他身上渗入太深，这不，公园回家的路上，他已经在惦记着晚上玩哪个电脑游戏了。孩子要养成一个好习惯真的不容易，可是一旦坏习惯养成，要改变真的好难！

但是再难，家长也得帮助孩子尽早改啊！朝闻夕改，闻过即改，只要开始，永远不晚。

怎么改？从家长自身开始读书做起。有家长说，这个，实在很难。那就看你想改变孩子、帮助孩子的决心有多大了。下定决心了，就开始行动。我请家长每天回家后先把手机放到书房外，和孩子一起进入书房，从每天读十分钟书开始做起。从你们各自最感兴趣的书读起，就读十分钟，可以做到吧？读完了十分钟，还想读，那最好，接着读；不想读了，孩子想玩电脑游戏了，大人也按捺不住想看手机了，再使用转移法，请家长带孩子散步、运动、谈心。如此坚持30天，慢慢延长读书时间，孩子有一点点进步就给予鼓励，家庭经常探讨读书话题，周末常常去图书馆、书店读读书、买买书……30天之后，继续坚持，一个月、两个月……半年，一年，大多数孩子会慢慢地爱上阅读——因为阅读，实在是比电玩有着高出太多的乐趣与享受啊！

其实，于我看来，拿读书抵御电玩实在是本末倒置的做法，实在是降低了读书的身份啊！我坚持认为，一个人一旦爱上读书，进入读书状态，自然而然就能远离电子游戏，就能觉出读书的乐趣大于一切其他事物。所以，首先家长自己爱读书，且早早注重养成孩子的读书习惯，那么，孩子远离电脑游戏的概率应该是很大的。

拿读书抵御电玩，虽然我很不情愿将读书与电玩两者相提并论，但对于一些已经上网瘾的孩子，请家长们不妨一试。深深祝福您的孩子脱离网瘾苦海，让目光远离狭小局促的眼前世界，早日爱上读书，放开眼界，仰望星空，借书的翼翅，抵达那广袤丰富的精神世界之彼岸！

读书乃人生一大乐趣

著名作家毛姆说："几乎没有一种工作能像阅读这样，随时随地可以开始，一旦有紧要事要做时，又能马上放下。"这说的是读书的便捷。

毛姆还说："阅读应当是一种享受。只要你们能真正享受这些书，它们将使你的生活更丰富，更充实而圆满，使你更加感到快乐。"是啊，阅读是人生一大享受。只可惜好多人已经好久不读书，不享受这一乐趣了。

读书真乃人生一大乐趣，如果家长坚持，能够帮助孩子从小养成读书习惯，那真的是给了孩子一笔巨大财富，让孩子受用一生！

读书是如此简易便捷的一种享受。读书和步行一样，不需要任何器械和装备，随时随地可以开始；也不需要同伴，只要你想开始就能马上开始；又是如此自由，你想读什么就读什么，想读几页就读几页，想怎么读就怎么读，读了想哭就哭想笑就笑——我认为读书这一行为在很大程度上体现了人的独立和尊严。

　　读书是如此具有自动连贯性的一种享受。书可以从任何一本开始读，读到一半想到一个问题、发现一点灵感，又可以马上去打开另一本书串着读；读几页也可以放下，开始写作或沉思；有要紧事必须立即处理时，又能随时放下，以后再接着读下去。

　　读书是如此不挑剔的一种享受。你在图书馆可以读，在咖啡屋可以读，在旅途中可以读，在家里可以读，在安静的教室在喧哗的闹市也都可以读。书是多好的东西，她丝毫不要求你非要一口气把她读完，也不要求你一定按页码顺序来读。她给你最大的自由与包容。

　　读书是如此私有的一种享受。如若你养成阅读的习惯，一卷在手，便可"躲进小楼成一统，管他春夏与秋冬"，随时可以抛却尘世的烦恼。读书又是可以众人共有的一种享受。读书会上，你遇到知音，遇到和你一样的爱书人，你们谈论、交流，感到莫大的满足，收获友谊的幸福。

　　读书是如此廉价的一种享受。现在一本书的价格还不如一套快餐，只要你舍得买书，花一点点钱就能换来大愉悦大享受。读书又是如此奢华的一种享受，多少人已经很久不读书，读书岂不成了一种奢侈？

　　读书真乃人生一大乐趣，尽早帮助孩子养成读书习惯，比给孩子多少金钱、报多少班都让孩子受用。教会孩子享受读书，就是给孩子交上了一个最好的朋友，就是给孩子养成了一个最好的习惯，就是给孩子奉上了一个最高贵的礼物，就是给孩子点起了一盏最亮的明灯，就是给孩子指向了一个最光明的未来！

读书教会你说话与思考

有位妈妈来咨询我，为什么自家孩子说话啰啰嗦嗦，表达不清晰，明明是男孩子，说起话来却有点婆婆妈妈甚至娘娘腔。

我笑而不语，让这位妈妈继续说。听她说十分钟之后，我发现她所抱怨的她儿子说话的一些问题直接来自妈妈。这位妈妈说话时就有点啰嗦，看似说了不少，但并没有表达太多有效内容，话里很多"无效信息"。比如，她爱说："我这么跟您说吧，王老师。"这可能是她的口头禅，在短短十分钟里就出现达七次之多；她还爱说"那谁"，比如"我家儿子呀，特别爱跟那谁，那个男孩叫什么来着，哦，叫李什么，哎呀，一时想不起来叫什么了。我家儿子呀，特别爱跟那个李什么玩儿，那个李什么说话就特啰嗦"。

我给这位妈妈三条建议。

建议一，多读书，好书读多了就会知道什么是好的语言，就会知道怎么说话。带孩子一起读好书。另外，爱读书了也就不爱夸夸其谈，不爱说些无用之话了。读书不仅教会人说话，更教会人思考——同时也教会人"语不如默"：与其说废话、无用之话，不如沉默。

建议二，让爸爸多陪伴孩子。男人的语言相对女人会简洁明了些，妈妈要陪伴孩子，也要让爸爸多陪伴孩子。孩子会在爸爸那里习得男人的说话方式、思维方式。

建议三，养成记日记的习惯，妈妈和孩子一起记。当你要把思想写出来时，就会过滤掉很多无用的词语、句子，就能学会"炼字"，就能让你的表达更准确有力。

我和这位妈妈直言：妈妈想要孩子说话说得清清楚楚、明明白白，首先就要自己把话说得准确得体、简洁明快。孩子从会说话开始，接触最多的人应该是妈妈，妈妈的语言习惯会直接复制到孩子身上。所以，抱怨孩子说话啰嗦的妈妈，请您反省自己的说话习惯，并立即调整你和孩子说话的方式。

语言是思想的彰显，一个说话清晰的人，他的思维是清晰的，也是高效的。

其实，我常常对自己的咨询效果不抱太大希望，因为我深信人在骨子里是难以被改变的。所以此次咨询之后，我就把这件事放下了。

真的没想到，大约两年之后，这位妈妈带着她儿子来看我时，我差点认不出她来。外表当然没有大变化，是她说话的方式和从前大不同。首先是音量小多了，她的地道北京人的习惯性的大嗓门不见了，说话变得轻声细语起来；其次是话少多了，再不像从前那么爱说、话多了，每句话都简洁起来；话语里的信息量、含金量多起来。话虽少了，有效信息却增多了，我也不烦她说话了。她的儿子，上次我没见过，只是听她抱怨孩子说话啰啰嗦嗦，表达不清晰，明明是男孩子，说起话来却有点婆婆妈妈甚至娘娘腔。可是今天，他说话却彬彬有礼，简洁明晰，实在是个干脆利落的男子汉了。

我欣喜地和他们聊起来——好像不是咨询关系了，而是朋友、书友关系了——因为我知道这两年他们开始读书了，并真的坚持记日记，一开始是周记，然后就养成记日记的习惯了。难怪，有"炼字"的人说话就是不一样。

这件事除了再次印证我一贯认为的"读书教会你说话与思考"的作用,就是让有时候比较悲观的我修正了我"对自己的咨询效果不抱太大希望,因为我深信人在骨子里是难以被改变"的看法。而是让我相信,我们能帮助人改变一点点,能在一百例咨询中让一个人成功地爱上读书,那么我们所做的事就很有价值!

读书替代追星

亲爱的家长朋友们,你的孩子是不是开始追星了?尤其是你的青春期的孩子,追起星来是不是疯狂而热烈?请不要嘲笑你的孩子,也不要粗暴地阻止你的孩子,谁没有过追星的经历呢?那是青春的标志,那是年轻过的证明。

我到三十多岁了还追星呢。我到北京工作后,重读大学时喜欢的作家梁晓声的作品,得知他就在北京语言大学任教,我就跑到北语的校门口去等他;等不来又去系里、教室里找他。我就想和他说说话,和他谈谈人生——可是他想和我谈吗,他有兴趣和我说话吗?

我喜欢池莉,我去武汉找她,我去吉庆街吃着鸭脖等她,左等右等也不来——可是即使等来了,她会觉得和我有共同语言吗?

我欣赏周国平,我去中科院哲学研究所找他,同事说他退休了。我又去他的讲座现场找他,可是人山人海,没机会说上一句话。

我慢慢就愿意听进去这句话了:鸡蛋好吃,未必要见到母鸡。

我慢慢就领悟这句话了:欣赏一个人,读他的作品就是很好的享受了,就等于在和他对话了。

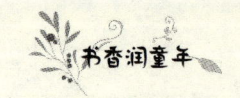

是啊，读书就是与优秀的人对话，他们的思想精华都沉淀在作品里了，何必非要见面呢。其实很多作家可能木讷而孤僻，不愿交往，即使见面了也话语极少，交谈效果也远不如读他的书呢。再者，自己还不够优秀，不能与优秀的思想者平起平坐，平等对话，自己也觉得自卑，对方也觉得无趣，何必呢？抓紧修炼自己，提升自己，等有朝一日，有机会对话，最好；即使没有对话的机会，你在读书的过程中已经自己获得了进步与成长，岂不是更大收获？

所以，如果你的孩子开始追星了，你可以试着告诉孩子你自己当年的追星经历，让孩子也嘲笑一下你曾经的年轻与激情。然后，真诚地告诉孩子，如果追星，并不一定要见到那颗星；即使见到，那颗星的眼里也不会有你。那要怎么办呢？去欣赏你所追的星的作品吧，追作家的是最好实现的——去读你喜欢的作家的书吧，他的思想他的情感他的人生经历全都在他的作品里，躲也躲不过，藏也藏不住；追球星的去看他打球，学习他的高超球技；追歌星的去欣赏他的歌曲，学习他的唱腔；追影星的去看他的电影，学习他的演技；很多明星都有传记，就让孩子去看他的传记吧。书里有明星的人生，明星成功的经验与失败的痛苦，让孩子明白没有谁能随随便便成功；书里有明星的生活，明星的趣闻与糗事，让孩子知道明星也是平平常常一人，也有普通人的喜怒哀乐……

孩子的追星热度就会慢慢淡下来，就会看清楚他所追随的明星的很多面，就会逐渐地理解了明星也和我们常人一样，是从少年时代一步步走过来的。如果父母能通过读书转移孩子的追星热，甚至巧妙地让孩子爱上读书，让孩子领悟到读书是获得成功最踏实最真切的方式，那真是皆大欢喜、收获颇丰啊！

何以解忧？ 唯有读书

著名作家毛姆说："如若你养成阅读的习惯，就等于为自己筑起一个避难所，生命中有任何灾难降临的时候，往书本里一钻，是个好办法。"人生在世，有苦有乐，欢乐之余总会遇上各种各样的忧愁痛苦。当这些痛苦光顾我们和我们的孩子时，如何解脱？

我在大学毕业后，到北京工作的第一年，远在千里之外的福建老家突然传来噩耗：我的尚在盛年的父亲突然去世。这是我人生中遭遇的最沉痛的打击、最巨大的痛苦。

我在父亲去世后第一年，是靠读书写作走出痛苦的。当时我住在北京东郊的一个叫做"大山子"的地方，在一个个天寒地冻的冬夜，我孤灯苦读，读得泪流满面痛彻心扉——各种书中的主人公的各种命运都能勾起我对自身痛苦的呼应。我后来读了心理学得知这是一种"共情疗法"——当你看到世界上那么多人和你有近似的遭遇，和你有相似的痛苦，你平衡了，你释然了，你从你的"小我"的痛苦中一步一步地走出来，学会了去关怀你的同类，学会了站在高处去俯瞰人类的小苦——当看到宇宙之大，想到个体无非是这尘世中极为微小的一粒，你的被放大的痛苦也慢慢平静下来。

这种感觉，在后来读到迟子建的《世界上所有的夜晚》一书时，得到了最深的共鸣。我初读时就感慨此文非常好，果然后来获奖，此文也被迟子建本人称为自己的刻骨铭心之作。那种撕心裂肺的痛苦，让作者深层次去思考人生思考命运，去同情人类去反思过往，所以这样的作品实在是震撼人心！

父亲去世后第一年,我靠读书写作走过来了。从那以后我的人生里,读书写作更成为我形影不离的好朋友,年年岁岁与我真诚相伴,陪我走过人生的风风雨雨。

我的大宝出生了,从他一出生起我就给他读书讲故事。小小的他最熟悉的物件除了奶瓶就是书,吃饱了就找书玩,拨弄着,翻看着,偶尔也撕过书,大多数时候能自己在那看:正着看,倒着看,侧着看。反正书是他最早接触的、天天见面的朋友。

再大一点,儿子会遇到各种问题、困难、委屈,我慢慢让他知道"故事一定有办法"。生活中遇到的事情,很多都可以在书中找到原型找到共鸣。

幼儿园里,他和小朋友吵架了,绘本里的故事告诉他森林里的小动物们也会吵架,吵过了还是好朋友;我们的牙齿和嘴唇偶尔也会打架,打完了依旧唇齿相依;《猫和老鼠》告诉他朝夕相处的室友也会内战不停,但也乐趣无穷……

上小学了,学校里遇到很多同学,每天经历各种事情,有时候开心,有时候烦恼,有时候愤怒,尤其是男孩子之间没完没了的打打闹闹,女孩子之间细小琐碎的恩恩怨怨……孩子几乎都能从《小淘气尼古拉》《小屁孩日记》《爱的教育》的故事里找到同伴的影子,听见自己的心声。孩子的苦恼有书帮他解答,孩子的欢乐也有书与他共享,他很享受这种感觉!我的二宝出生了,从他一出生起我就给他读书讲故事,以后他也会遇到人生的各种烦恼,他一定知道从书中去找到智慧……

何以解忧?唯有读书!阅读抵御痛苦,书籍为你答疑解惑。祝你藉由读书而活得更幸福!

第二辑　阅读有道亦无道
——这样带孩子读书

读书有道亦无道，是我对阅读方法的理解。阅读当然有一定的方法，许多大师大家也撰文传授过他们的阅读之道，是为"有道"；但阅读方法又非常地因人而异、因阶段而异，不同人在自己的不同年龄、不同阶段对阅读方法常常有不同的体悟。带孩子读书我倡导"用心而无痕"，父母认真而不着痕迹最好。

如何给孩子养成天天读书的习惯

这些年在学校、社区、家庭推广儿童阅读，常常有家长朋友问我："王老师啊，怎么样才能给孩子养成天天读书的习惯？"

这个问题问得很好，要让孩子爱上读书，就应该从小时候给孩子养成天天读书的习惯做起。那么，如何才能给孩子养成天天读书的习惯呢？

首先，从胎教做起。当妈妈怀上宝宝，可以养成天天给肚子里的胎儿读书的好习惯。不需要时间长，也不需要太正式。每天晚上，拿出10分钟，20分钟，爸爸妈妈给宝宝读一段儿歌，读

一篇散文，读几首唐诗宋词，配上点儿背景音乐，就是非常好的胎教了。坚持这样做，对妈妈本人的情绪调节、文化修养提高也很有好处。宝宝还能逐渐熟悉爸爸妈妈亲切的声音，真是一举多得的好事。近来我在阅读推广中发现一个有趣的新现象：一些注重读书的家庭开始由大一点的哥哥姐姐给妈妈肚子里的二宝读书。多好啊！让二宝从小就熟悉哥哥姐姐的声音，以后和睦相处不在话下，而且，同龄人的声音可亲切了！还能继续养成家中大宝的读书好习惯，真是一举两得！我在怀二宝期间也常常让大宝给二宝读书，大宝非常乐意，不仅给二宝读课文背课文，还把自己天天看的课外书也读给二宝听。二宝出生后果然非常熟悉和喜欢哥哥的声音，满月后一听哥哥说话就会循声找哥哥，哥哥自豪地说："看吧，我天天给二宝读书很有效吧！"

　　孩子出生了，年轻的爸爸妈妈问，孩子那么小，知道什么读书啊。孩子再小，天天看你捧着本书给他读，常常在身边看得到、摸得到书这种东西，不就慢慢建立起对书的熟悉感、亲切感了吗？如果你能坚持做，要让孩子不爱上书都难呢！有一些不怕撕的布书、塑料书、卡片书，不妨让孩子经常摸一摸，翻一翻，建立对书的最初感情。家里的书房、书柜，经常带孩子光顾，让小小的他知道世界上有一种好东西——书。每天固定一个时间给孩子读书，如晚上睡前半小时，给孩子读些儿歌、童话。慢慢你会发现，那么点儿的小人儿，居然一听到你读书的声音，就会安静下来，像真的听得懂似的。有时候他正在哭闹，你开始读书，他竟会停止哭泣，认真地看着你和你手中的书，还好奇地伸出手抓你的书，也抢着要翻看呢。

　　孩子一岁了，坐在地上玩积木。这时候也把书给他当玩具，让他自己翻看。书拿倒了没关系，书偶尔撕烂了也没关系，你就让他自己翻看。慢慢地，慢慢地，他对书就有了感觉。坚持每天晚上睡前半小时给孩子读书，这样养成习惯，到了时间你不读孩子都不答应。

孩子三岁了，自己会看绘本啦。这时候注意不要急着给孩子看文字书，就像给婴儿吃肥肉会伤了胃口一样，爸爸妈妈们千万不要急于求成。这时候的孩子就应该读图，让他享受绘本的童真与美好。买大量的国内外优质绘本给孩子读，让他渐渐进入一个广阔的阅读世界。每天晚上睡前半小时给孩子读书的好习惯不能停，这是你和孩子共读的好时光。

三岁看大，前面几点坚持做好了，孩子的阅读习惯其实基本养成了。当然，要坚持做到前面几点需要爸爸妈妈们的恒心和毅力和对阅读的发自内心的热爱。0—3岁很关键，家长们千万别以为孩子这时候不识字，培养读书习惯为时尚早。这三年的阅读积累奠定了以后的阅读基础。3—6岁之间，继续给孩子讲故事，不要过早要求孩子识字，他愿意听你读书就好，他自己看懂绘本就好。

孩子六岁了，上小学了，认识一些字了，这时候慢慢引入纯文字书籍给孩子自己读，引领孩子进入一个文字的海洋。孩子识字初期家长不要急，不要过多纠正孩子读的错别字，没关系的。等孩子的识字量上去了，对文字的熟练程度提高了，这些问题就迎刃而解。这时候要注意不过多干涉孩子对书籍的选择。只要不是不健康的书籍，允许孩子自己选择，并变换着读。当然也要慢慢带着孩子接近经典书籍。可根据孩子的兴趣，给他推出一个一个系列的书，让他感受到不停攀登书山，不断有"豁然开朗"感觉的美好。坚持每天晚上睡前半小时给孩子读书的好习惯，只要孩子享受，千万不要停。这是亲子共读的好时光，这是亲子交流

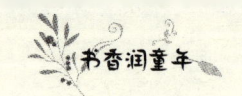

的好方法。每天晚上家人一起读书，在一个角落，孩子和爸爸妈妈各自读书，不亦乐乎。

孩子进入小学中高年级、初中阶段，学业加重了，这时候依然要保证每天有一点自由阅读的时间，不能让阅读对课业妥协。周末依然要保证去书店、图书馆的时间。你所在的城市有书展、书市活动，也可以带着孩子欣然前往——读书已然成为你们生活中极其重要、不可或缺的一部分。孩子的读书习惯已经养成！

如果你错过了胎教阅读期，错过了0—3岁的阅读关键期，错过了3—6岁的阅读黄金期，错过了……没关系，从此刻开始，请你带着孩子，捧起一本书，阅读吧！当你们开始阅读，当你们打开了一本书，世界已经开始改变，人生已经变得开阔！

只要开始，永远不晚！

反对功利性阅读，倡导诗意地阅读

2016年3月25日，由凤凰卫视和凤凰网发起，联合北京青年报、中国新闻社等海内外知名华文媒体共同主办的"世界因你而美丽——影响世界华人盛典"在清华大学揭晓。中国当代著名古诗词学者叶嘉莹获颁"影响世界华人终身成就奖"。当记者这样问道："您一直非常注重古典诗词的传承。现在的孩子们活在一个科技发达的时代，手机，电脑，很多的游戏可以玩，您觉得怎么才能让他们领略到中国古典诗词之美？"

叶嘉莹先生说："我想最重要是看我们怎么样带领他们。我曾经给幼儿园的小朋友讲什么是诗，我用古代的'诗'字型来告诉他们，诗是舌头上跑出来的。做诗，其实是每个人应该有的权利。"

其实，在我理解看来，叶嘉莹先生用其一生在传播诗词之美，不仅仅是要教会孩子们欣赏诗词、创作诗词，也希望中国人葆有一种难得的"诗意"。这份诗意，我想延伸到阅读上来，倡导家长带着孩子"诗意地阅读"。

这些年作为儿童阅读推广人，在学校、家长群里推广阅读，接触许多家庭，接到许多家长咨询，我发现儿童阅读的一个共同问题就是——太功利。这功利心肯定不是来自孩子，而是来自家长。

家长带孩子读书，常常抱着很强的目的性，小到让孩子记住书中内容、概括中心思想，大到要孩子读任何一本书都能立竿见影地获得某些知识、明白某些道理……原本好好的"天下第一好事"读书，到了一些家长这就变得非常功利。而家长越功利孩子就越逆反，你要我读我偏不读，你要我记住我偏偏就记不住。于是亲子共读这样一桩美事在有些家庭竟成了恶战。

我反对功利性阅读。家长的功利性做法往往会适得其反，使得本来爱读书的孩子厌恶阅读最终远离阅读。至于功利性阅读的做法则形形色色，我举例几种：

一种是"指读"，就是给孩子读书时念念不忘地用手指指着一个字一个字地读。指读的目的很明显，就是想让孩子早识字、多识字。孩子真的不必过早识字，感性认识阶段过早识字只是一种机械记忆，毫无意义，更不必过早认识太多字。我们识字是为了阅读，而"指读"却本末倒置，使得识字成为阅读的目的。孩子本来在美美地享受听故事，却被要求看着大人的手指，手指指到哪，就记住哪个字，大大伤害了阅读的想象力与美感。

一种是家长给孩子讲完故事后发出一些赤裸裸的提问。比如故事里的小兔子叫什么呀，干吗去啦，乖不乖啊？有些问题家长自以为问得很高明，实际上孩子早知道了或觉得很奇怪：这么简单的问题还要问我？总之，享受阅读的单纯与美好，不要让阅读承载太多的功能！

一种是一定要总结"这个故事告诉我们什么道理啊"。孩子的世界里没有那么多道理，却一定比我们更多感动更有体悟。读完一个故事，最好的做法或许就是默默无言，各自在那品味一会儿，让孩子从小拥有独立思考和安静品味的权利。如果孩子愿意，也可以相互交流一下感受，但不要"命题作文"，一定要开放式地让孩子的思想驰骋。

一种是"点读笔"和故事机取代父母陪孩子阅读。现代科技相当发达，却有时会帮倒忙，把原本该由人亲自来做的事情交给机器。机器可以做，却不可能有人文情怀。"点读笔"可以让孩子指着字就发出声音，似乎孩子可以"独立阅读"了；故事机更可以让家长解放出来，让孩子对着一只会讲故事的玩具猫或兔子在那听故事。可是，亲爱的爸爸妈妈们，你在哪里？孩子看不到你，听不到你，感受不到你，这样的阅读很伤害孩子的阅读兴趣。大人实在没空时，让孩子自己拿着书在那翻看，或玩手工玩具，也比对着个点读笔、故事机要强。抛弃这些高科技，就让阅读成为只有人能完成的一个诗意历程吧！

还有一种是过早要求孩子独立阅读。孩子不要过早识字，七八岁以前识字量也不宜太大。所以，不要过早要求孩子独立阅读，等他到了可以独立阅读的时候他自然就独立了——就像小时候他会走路了，自然甩开了爸爸妈妈的手，这就是自然生长。但与走路不同的是，可以独立阅读之后，亲子阅读依然是很好的阅读享受，建议家长们保持和孩子一起读书的习惯，那将是你家最美的风景和最幸福的时刻！

与功利性阅读截然相反，我赞成并一直大力倡导家长带着孩子诗意地阅读。

无论是胎教时的阅读，还是孩子出生后，从婴儿期到幼儿期甚至少年期的漫长亲子阅读历程，我都赞成父母引领孩子进行一种诗意地阅读。何为诗意地阅读？就是不带任何功利目的、诗情画意地享受阅读的一种过程、状态和境界。

就像我们喜欢上一首歌时，我们会反复地听，会不由自主地吟唱，然后享受听歌和唱歌的心情。就像俊哥喜欢《时间都去哪儿了》这首歌的那段时间，自己在客厅里唱得很陶醉，这种艺术享受就很诗意。就像我们喜欢某一处风景，比如大海，比如草原，比如沙漠，我们会不辞劳苦、千里迢迢地去接近，去欣赏，去享受拥抱它时的每一个瞬间，这种大自然的享受就很诗意。阅读也要有这种诗意：喜欢阅读，享受阅读，陶醉阅读。

俊哥在我肚子里时我就经常给他读诗歌散文，而且是有情有景地给他读——面朝大海时，遥望月亮时，聆听小雨时，迎风赏雪时。俊哥有时候拿胎动回应我，难道他真的听懂了？其实孕期是一个女人生命中非常特殊而美好的时期，那时候我的心情非常好，发自内心地就想和孩子分享我的诗情画意，所以常常对月吟诗、听雨读书。俊哥似乎感受到了这种诗意，两岁时就会作诗"月亮真美"，虽仅四字，足以让我笑靥如花。

俊哥出生了，我们常常带着他浪漫读书。春天来了，在公园草地上，拿出几本书，对着花红柳绿来一句"不知细叶谁裁出，二月春风似剪刀"。这时候，孩子看看公园里的柳树，就很能理解诗句的内涵了。我特别喜欢那句"人间四月芳菲尽，山寺桃花始盛开"，每次暮春郊游，到山里就会发出这句感慨。俊哥听了几次，也很有体会。好在他的思维比我理性，上小学后他就会给

23

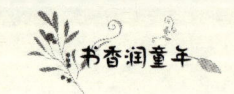

我解释：因为山里气温低啊。这种自然科学的分享也很诗意。夏天到白洋淀看荷花，蓝天白云之下，碧波荡漾之间，"映日荷花别样红"的意境就出来了，美轮美奂，妙不可言。秋天，是北京最美的季节，京郊的红叶美得无与伦比，这时候来一句"霜叶红于二月花"是相当恰切的。千里冰封万里雪飘之际，一首《沁园春·雪》那是够霸气够酷的。俊哥特喜欢"山舞银蛇，原驰蜡象"一句，说简直像"万马奔腾"，我被这个带有通感修辞的比喻逗乐了，真的很豪迈啊！

　　阅读真的是一件很诗意的事情。有了阅读，我们的灵魂天天都在旅行，时时都在体验美感受美。周末的京郊夜，悠远深邃的星空下朗诵一篇《繁星》，是不是很浪漫？从北京回家乡福建长汀的火车上，看着月亮，改编诗句成"春风又绿汀江岸，明月今夜照我还"，是不是很亲切？有一年中秋节恰与白露节气相逢在同一天，我们没回老家，在旅途中过节，我触景生情地吟诵起"月是故乡明，露从今夜白"，小小的俊哥似懂非懂，若有所思起来……

　　亲爱的家长们，请怀有一颗诗意的心，带着你的天生的诗人般敏锐可爱的孩子们，进行诗意地阅读吧。你的孩子不一定要成为诗人，也很可能不会爱上诗，但是这一生他需要一种诗意的情怀，需要拥有诗意的人生——不管现实如何物欲横流、百孔千疮，只要我们心中永葆诗意，那将是一种巨大的精神力量陪伴我们去面对人生的种种处境，而始终能保持对生活之热爱与淡定。

　　亲爱的家长们，请带孩子诗意地阅读吧，愿你们喜欢阅读，享受阅读，陶醉阅读！

让家里随处可见书

在我看来,一个家不需要多么华丽阔绰,不需要什么古董、饰品装点门面,但一定不能没有书。在屋子干净整洁的前提下,即使因为书多,稍显乱点都没关系——只要你天天在看书,时时处处能在家里摸到书,这样的家庭一定书香洋溢。我常常在推广阅读时对家长们说:请让你的家随处可见书。

大家可能有注意到,超市的电梯扶手处经常摆放一些小商品,顾客们乘扶梯时闲来无事,随手就拿起商品来看看,很多情况下不想买的也买了,无形中多买了不少东西——这是商家的营销手段,却可以借鉴到家庭阅读中来哦。在家里,你让书随处可见,让孩子时时可以看到、摸到、拿到书籍,也有益于让孩子养成爱读书的好习惯。

在我们家,除了专门的书房之外,书还存在于其他的地方。

餐厅里,餐桌上开辟出一个角落,专门放我们和孩子们最近在读的几本书。等饭的时间,刚刚下班下学回到家闲聊的间隙,拿起一本书,边聊边读。

客厅里,沙发两旁,各摆一个小书架,一边放孩子们看的书,一边放爸爸妈妈看的书,随时在沙发坐下,可以顺手拿起书,翻几页是几页。

洗手间里,泡脚盆旁边,放一个小小储物架,小得只允许放三五本书,满足一人一本,泡脚时边读边聊,温暖无限。

床头柜,也是一边一个,这个空间大些,可以多放几本,读完了自己更新。每天的睡前阅读时光,浪漫无限。

汽车后备箱,这个空间更大些,可以放十来本还多,保证短

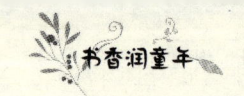

途郊游、长途自驾游的过程中，都可以拿出书来读。公园的草地上，爬山时的山顶上，湖畔海边，让书如影随形，与风景同在。

旅行包、旅行箱里，也随时带上一两本书，不需多，但随时可以翻阅。等车时、候机时、等饭时、排队时，当别人在抱怨等候时间长时，你在读书，不仅避免了烦躁，还乐在其中，何乐不为？

如此，让书很容易进入我们的视野，很容易跑到我们手上，随手一翻，几许风雅——更重要的是，随时随处读书的习惯就此养成，零碎时间就这样被充分利用。不要小觑零碎时间的力量，积累起来竟很强大，很多书就是在这样的零碎时间积累之中读完的。

房子不管大小，有书就好；屋内无需华美，家人读书就好！请让你的家随处可见书。在这样一个家庭里，孩子能不爱上读书吗？

常常和孩子聊读书话题

我常常有意无意地和孩子聊起读书话题，尤其是他在学校的读书状态——因为在家里我们天天一起读书，周末一起去图书馆、书店，我比较了解他和我们一起时的读书情况，而在学校读了什么书、爱看什么书，就需要通过聊天来了解。

我有时这么问："小伙子，最近又读什么好书啦？和我分享一下呗！"或者说："来，小小读书郎，介绍一下你在学校看到的好书！"

俊哥每回都很乐意地和我说他看的书，还津津乐道每个故事，常常能复述出来，尤其是幽默的细节，能逗得我哈哈大笑，他就很有成就感。

　　大多数时候都不需要我问，俊哥自己和我聊起学校好玩的事情时就会带出他自己的读书状态来——今天的阅读课读了什么，昨天的中午班一直在读哪本书，前天去了学校的图书馆……我非常欣慰他的生活中时时有书香，他的话题里三句话不离书，他的各种乐趣里一定少不了阅读乐趣！

　　那么，怎么才能让孩子三句话不离书呢？怎么能让家里常常有读书话题呢？

　　当然是家长带着孩子天天读书。每天都要读，哪怕只是十分钟。让读书成为刷牙一样的习惯，达到睡前不读书都不舒服的程度。

　　要平等地和孩子分享大人的读书心得——不要以为孩子不懂，其实孩子会对你读的书很感兴趣的。我在重读梁晓声先生写他小时候的故事时，再一次感动得哭了。在一旁读书的俊哥看到后，过来问妈妈怎么了，我说被书里的故事感动了。他问我什么故事——注意了，请家长们珍惜这一刻，不要随随便便对孩子说什么"大人的书你看不懂"之类的话，要好好珍惜孩子渴望分享你的读书心得的机遇——这样的机遇，也许只打击孩子一次，他就再也不给你了。我就把梁晓声书里的故事讲给俊哥听，梁晓声小时候很爱看书，可是家里穷没钱买新书，他就把自己的小人书拿去火车站卖，想换点钱买新书，结果被火车站的警察没收了。听到这，俊哥可关心梁晓声的小人书最后是怎么要回来的了，还说警察不应该抢小孩子的书，还说要教梁晓声打拳击，用来保护书——看看，孩子对大人看的书不仅感兴趣，还发表评论，还抢着我的书要先看——在家庭中能有这样一种读书状态、能有这样一种抢书读的氛围，是多么好啊！

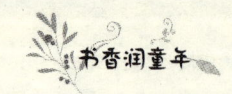

还要让孩子分享他自己读的书里的故事。孩子其实很愿意、很希望和大人分享他的读书故事,可惜有些家长不知道珍惜孩子这份想和你分享读书故事的心情,有些家长不知道享受孩子这份想和你分享读书故事的乐趣,生硬地拒绝孩子或胡乱地敷衍孩子,这样是很打击孩子的。俊哥经常把他正在读的《猫和老鼠》《名侦探柯南》等书翻到他觉得最好看的那一页请我看。有时候我在看自己的书,有时候我在写作,迟缓了一会儿回应他,他就会很失落地说:"妈妈,你不喜欢我给你推荐的书吗?"我赶紧放下手中自以为很重要的事——其实哪有什么真的那么重要的事,孩子愿意和你分享书籍难道不是很重要的事吗——投入地看他推荐的书。看完和他一起谈论一起大笑——我觉得那是我和孩子精神共鸣的最幸福的时刻!

平时可以随时和孩子一起评论某本书,从内容到封面,从插图到版式——千万别小看孩子,以为孩子不懂,其实有时候孩子比我们想象的要懂得多。

去图书馆去书店借书买书时,可以和孩子一起对书进行评价、挑选,要让孩子有自由选书的权利,要让孩子相信自己有着对书的鉴别力和直觉,要让孩子对自己选书一事充满自信和兴趣!

如此,在生活中常常和孩子聊读书话题,让家里洋溢书香,让话题充满书味,还怕你的孩子不爱读书,不享受阅读吗?

不错过向孩子推荐好书的机会

常有家长朋友问,什么时机向孩子推荐好书比较合适,效果会比较好。能问出这个问题的家长真是好家长,一来他很重视孩子的阅读，二来他也知道阅读不可强求，深谙推荐好书要找准时机的道理。其实，生活中很多机会可以向孩子推荐好书，家长只要用心，就能找到最佳时机，就不会错过任何一个向孩子推荐好书的机会。

向孩子推荐好书，我提倡五个字"用心而无痕"，用心是指花心思，为孩子认真思考、比较鉴别书；无痕是指润物细无声，了无痕迹，这样推荐起书来孩子容易接受。

比如你们一起看了一部电影，过了好些天孩子还对这部电影津津乐道。这时候你可以向孩子介绍与本部电影相关的各方面书籍，或者是电影的主人公，或者是电影里的一种动物或植物，或者是电影里的一段历史、一种技术、一种武功……总之有关本部电影的方方面面话题能牵出很多相关书籍来。在孩子对电影还很有热度的情况下向他介绍相关书籍，就是水到渠成自然而然了。俊哥看了《疯狂动物城》之后对里面慢吞吞的树懒这一动物很好奇，我们就一起查书，然后把与树懒相关的一类动物都了解了一下，孩子心满意足。

比如你们参观了博物馆回来，孩子对某个问题刨根问底，而你也回答不上来，这时候你就可以和孩子一起去书里找答案。既让孩子知道你严谨，没有不懂装懂，又让孩子知道书籍一定有办法、书中一定有答案，也让孩子养成了去书中寻找真理的好习惯。

比如你们去某地旅行，对当地的一处景观很好奇，对当地的某种风俗习惯很感兴趣，这时候可以直接在当地买些相关书籍，路上就开始阅读，展开"深度旅行"——走马观花只是浅度游，探其究竟才是深度游啊！这不就很好地把"读万卷书"和"行万里路"有机结合起来了嘛！

比如孩子在课堂上学了个什么新知识，回家来跟你讲得头头是道还意犹未尽，这时候就可以去图书馆查资料，或买些相关书籍做延伸阅读。这不仅大大激发了孩子的求知欲和好奇心，也让原本可能枯燥的课堂变得有趣一些，让孩子更爱上学，更认真听讲和深入思考，何乐不为呢？

比如几个孩子在一起老打架，这时候带几本有趣的书给孩子，孩子们就围着书，头挨着头看起来，一反打架常态，个个变成了爱书人——书就是有这种魔力，让小淘气安静下来，让小男生专注起来，让叽叽喳喳的小女生也能静静地投入到读书中去。

我每年会带俊哥回厦门度假一周，和表哥一起玩。没想到是一本书让俊哥和他的表哥"化敌为友"。

表哥比俊哥大8岁，可能因为年龄相差比较多，一开始两兄弟一点儿也玩不来。第一次带俊哥去厦门时他才两岁，很好奇表哥的文具，摸摸这个动动那个；表哥却不喜欢弟弟动他的物品，两人差点打起来。我在一旁看着，琢磨着用什么办法让哥俩好起来。

我来到俊哥表哥的书房，扫了一眼书架，看到了一本《猫和老鼠》漫画书。我突然就有了主意：让表哥跟弟弟推荐这套经典漫画，说不定能让两人一下子拉近距离。

果然，表哥很爽快地把他小时候看的而现在不怎么看了的书借给俊哥，他也很高兴一本旧书能把弟弟打发了。弟弟则如获至宝，终于安静下来，不再打扰哥哥写作业，不再动哥哥的文具，自己坐在一角默默翻看起来。

看了一会儿，俊哥遇到不明白的地方，主动去问哥哥。哥哥看弟弟安静了好一会儿，这下也愿意解答弟弟的提问。弟弟不认字，哥哥就好为人师地给弟弟讲解，讲到幽默处两人都乐了，哥俩就这样一块看起书来。姥姥进屋来看看兄弟俩还打架不,一看到这般和谐的局面直夸我有办法,我说不是我有办法,是好书有办法!

就这样,那一个礼拜哥俩相处得很好,常常一起看书,临别还依依不舍,表哥慷慨地把自己珍藏多年的这本《猫和老鼠》送给了俊哥,俊哥高兴极了,回北京的飞机上一直在看。回家后就吵着要买《猫和老鼠》系列的其他书。我就一本一本给他买——不要一下子买全了,一本一本读、期待下一本的感觉更好。

现在俊哥已经集齐了所有的《猫和老鼠》,装满了一个大纸箱子。他常常抚摸着他最爱的这套书,又拿出其中最旧的、泛黄的一本,真诚地说:"谢谢哥哥送了我一本《猫和老鼠》,我才知道有这么好玩的一套书,才能集齐这一整套的《猫和老鼠》!"

哈哈,好书传递兄弟情!不错过任何一个向孩子推荐好书的机会!

请爸爸们多给孩子读书

如果说要让我给"好爸爸"定一个最简单的标准,那就是:给孩子读书的爸爸就是好爸爸。

给孩子读书的爸爸,首先自己爱读书,才能做到用心并坚持给孩子读书。给孩子读书的爸爸,一定充满爱心和耐心,才能不厌其烦、细水长流地给孩子读书。

每次讲学,我必劝爸爸们多陪孩子,尤其多给孩子读书。只要是爸爸来听讲学,我一定表扬,一定鼓励他继续担起父教的伟大责任,继续带孩子多读书,读好书;朋友圈里,我苦口婆心劝爸爸们远离应酬,远离酒桌,多回家和孩子共进晚餐,然后和孩

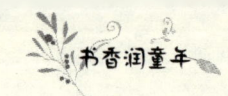

俊爸给俊哥俊弟读书

子在书房一起读书。在这样的带动下，一些年轻的爸爸们开始注重给孩子读书，他们开始认同我说的：给孩子读书的爸爸就是好爸爸。

其实你给孩子的物质财富终究是有限的，但是如果你能常常给孩子读书，从小给孩子养成爱读书的习惯，那么孩子的精神世界将无比富足，孩子将永远感谢你给予了他一生受用无尽的精神财富！

俊哥俊弟的爸爸就是坚持给孩子读书的好爸爸。每天睡前，只要俊爸不出差，那么给兄弟俩读书的一定是俊爸——这是俊妈的福利，看着父子仨头挨着头读书，我在一旁自己读书或写作，真是巨大的幸福！

一天天，一月月，一年年，俊爸给兄弟俩读着书，读着读着，孩子们长大了；读着读着，孩子们也爱上了读书。每天睡前的读书时间，是一天里最美好的时刻，是我们一家人的精神盛宴！

朋友中也有许多给孩子读书的好爸爸：北京的朋友郭郁文给

女儿曼曼读书,从中国一直读到美国,还给我们讲曼曼在美国学校的阅读故事;厦门的赖春万,掌管着几千人的大公司,白天忙于自己公司的事务,晚上睡前则负责给一双儿女读书讲故事,他说那是他觉得自己最成功的时刻……

有年轻的爸爸们来问,给孩子们读什么书好呢?

爸爸们能带孩子们读的书可真多!爸爸可以给孩子读自然科学书,一般情况下,男士比女士对自然科学的了解更广阔,理解更深刻。俊哥喜欢俊爸给他讲宇宙的奥秘,大自然的神奇,野生动物的威猛,小小昆虫的奇妙。爸爸可以给孩子读兵书,兵书由象征力量、喜欢研究战争史的爸爸们来读,一定很威武哦。俊哥特别喜欢俊爸带他读《中国十大兵书》,讲"三十六计"。讲了几遍,俊哥就会给"走为上计""声东击西""调虎离山"举例子还做表演。结果讲兵书的俊爸反而被听兵书的俊哥给"瞒天过海"了,俊哥大笑着说:这就是你教我的"兵不厌诈"。爸爸给孩子读伟人传记。历史上的伟大人物由爸爸之口来说给孩子听,那是很有力量和影响力的。俊哥爱听老革命家、大科学家还有徐霞客的故事,战争、科学、历史、地理……厚重的文化在父子共读之间传递。

孩子是天生的诗人

在儿童阅读推广活动中,每逢我讲要给孩子们读诗歌散文,每次我建议家长给孩子们读诗歌散文,都会接到家长们提出这样的疑问:

给孩子读诗?早了吧?

给孩子读诗?最多读些儿歌如《鹅》《悯农》吧?

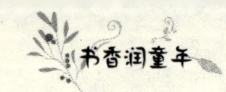

给孩子读诗？不限于叙事诗，还包括抒情诗？甚至爱情诗？

这三种疑问是最普遍的。大人们似乎一致认为，孩子离诗歌散文很远。

其实，儿童离诗歌很近！不要以为孩子不懂诗！

其实，孩子比我们有诗情画意，比我们懂诗！孩子是精灵！比我们更诗意！孩子是诗人！比我们更浪漫！中国当代著名古诗词学者叶嘉莹先生说："我曾经给幼儿园的小朋友讲什么是诗，我用古代的'诗'字型来告诉他们，诗是舌头上跑出来的。做诗，其实是每个人应该有的权利。"

那么，怎么带孩子读诗歌散文呢？

首先，结合情境带孩子读诗歌散文。诗歌散文和故事书、科学书的最大不同之处，在于它们总是针对某种情境，借景抒情，托物寄情，触景生情……诗歌并不晦涩，在情境中给孩子读书，是最好的美育、最好的文学熏陶和情感表达！

春天来了，我们带俊哥到大自然找春天，从陶行知先生的《春天不是读书天》开始：

"……

春天不是读书天：掀开被帘，投奔自然。

春天不是读书天：鸟语树尖，花笑西园。

春天不是读书天：宁梦蝴蝶，与花同眠。

春天不是读书天：放个纸鸢，飞上半天。

春天不是读书天：舞雩风前，恍若神仙。

春天不是读书天：放牛塘边，赤脚种田。

春天不是读书天：工罢游园，苦中有甜。

……"

我们畅游在春天的北京公园，亲眼看到花开，亲耳听到鸟鸣，迈开步子追着蝴蝶和风筝，俊哥很快就理解诗歌中的"鸟语树尖，花笑西园""放个纸鸢，飞上半天"。

其次，结合自身或孩子的经历带孩子读诗歌散文。这样孩子会觉得看似飘渺的诗歌散文其实非常实在，和我们的生活非常接近，是看得到摸得着听得懂的。

每年，我都会带俊哥回到我的母校——厦门大学度假。我们漫步校园，我给俊哥说我大学时代的故事：这是芙蓉湖，当年妈妈在这里晨读；这是图书馆，当年妈妈最享受周末在图书馆看书一整天；这是运动场，当年妈妈常常在这跑步、打羽毛球；这是食堂，厦大食堂的饭非常好吃，有妈妈最喜欢的海蛎煎；这是美丽的木棉树，妈妈每次一看到那红硕的花朵，就情不自禁地背诵起诗人舒婷那首陪伴了我整个青春岁月的——《致橡树》。

不知为什么，俊哥特别喜欢"像红硕的花朵，像英勇的火炬"这句诗。问他为什么喜欢，答曰不知道。是的，这有什么好问的啊，就是喜欢，不需要理由。孩子是天生的诗人！

再次，观照孩子的情绪带孩子读诗歌散文。诗歌散文除了表达某种哲理，还是抒发人类的情绪，寄托某种情感，是一种非常美好的情感体验。所以，如果能观照孩子当下的情绪带孩子读相应的诗歌散文，那是给孩子很美的文学享受和很好的心理安慰。

有一年夏天，我带俊哥去青岛度假，俊爸因为工作忙，要到周末才能来陪我们。到周三的时候，俊哥说："妈妈，我想爸爸了。"我说，我也想呢。说此话时我们正在青岛中山公园的莲花池畔，看到一池红莲，我立马想起余光中的诗句"一池的红莲如红焰"。我突发奇想："俊哥，想爸爸了吧，我们来读一首诗吧，告诉爸爸我们在等他。"

于是,我给俊哥读余光中的《等你,在雨中》:

> 等你,在雨中,在造虹的雨中
> 蝉声沉落,蛙声升起
> 一池的红莲如红焰,在雨中
> 你来不来都一样,竟感觉每朵莲都像你
> 尤其隔着黄昏,隔着这样的细雨
> 永恒,刹那,
> 刹那,永恒
> 等你,在时间之内,在时间之外,
> 等你,在刹那,在永恒
> ……

一开始,我还担心俊哥会问我一些问题,诸如"现在没下雨啊,怎么说等你在雨中"之类。后来才发现,这实在是俗气的、多余的担心!我们常常低估了孩子的灵气!

待我读完诗,俊哥竟在莲花池旁安静了好久。他在想念亲爱的爸爸吗?他在欣赏美丽的红莲吗?他在品味亘古的诗篇吗?我不打扰他,静静地陪伴一旁。那是一幅多么诗意的画面!

周末,俊爸来到青岛和我们团聚。俊哥执意要再去一次中山公园。我以为他是喜欢里面那个动物园。没想到,进了公园门,他拉着爸爸的手径直走到莲花池畔:"爸爸,那天我和妈妈在这里想你了,妈妈给我读了一首很好听的诗,什么,等你……"俊哥对我说,"妈妈,你再念一遍吧,我还想听!"

我就饱含深情地给父子俩朗诵了一遍这首绝美的《等你,在雨中》。多年以前，在厦门大学旁的南普陀的莲花池畔，我独自朗诵此诗的时候，可不曾预料到，今天有两位美男子在我身旁听我读诗，真是满心欢喜，美哉妙哉！

还有一点，让孩子知道阅读诗歌散文可以帮助我们从文学中得到共情，这既是很好的文学体验，又是极佳的"情绪健康操"，让孩子在诗歌散文中陶冶情操，感受到大自然之美与人文之美的有机结合。

北京的春天很美！经过一个冬天的孕育和等待，春天一到，各种花儿在枝头开得绚烂，花团锦簇！我们带俊哥到北京各个公园赏花：北海公园的玉兰，中山公园的郁金香，苹果的桃花海……可是，很快夏天来了，小区里公园里，花瓣落了一地。

俊哥说："妈妈。花落了，好可惜。"

我拾起花瓣，给他唱童安格的《花瓣雨》。此时一阵风过，果然下起了花瓣雨。我又给俊哥念："落红不是无情物，化作春泥更护花。"俊哥似懂非懂地问："花瓣真的变成泥土，保护这棵树吗？"

他这一问，让我突然想起大学时代非常喜欢的台湾女诗人席慕蓉的这首《一棵开花的树》：

如何让你遇见我/在我最美丽的时刻　为这/我已在佛前求了五百年/求他让我们结一段尘缘/佛于是把我化作一棵树/长在你必经的路旁/阳光下慎重地开满了花/朵朵都是我前世的盼望/当你走近　请你细听/那颤抖的叶是我等待的热情/而当你终于无视地走过/在你身后落了一地的/朋友啊那不是花瓣/是我凋零的心

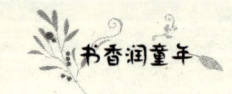

多少人把这诗解读为情诗,其实,席慕蓉自己说:"这是我写给自然界的一首情诗。"我告诉俊哥,大自然等待我们欣赏,花开的时候我们尽情欣赏——花开堪折直须折,花落了还有绿叶还有果实,春去冬来,四季更替,大自然就是如此神奇而美丽!俊哥释然了,跑去追逐一只小鸟……孩子多容易就做到了"境来不拒,境去不留"啊!

最后,在适当的时机——一定是"适当"的时机,如果孩子有兴趣,可以让孩子尝试写诗歌散文,体会到读诗美妙、写诗也美妙。

那一年俊哥五岁,我们一家去韩国济州岛,看到美丽的大海时,我说了句"美不胜收",而俊哥居然脱口而出:"面朝大海,春暖花开!"整个旅行团的人惊呆了,纷纷夸俊哥小神童,那么小就会背诗。

俊哥这哪是背诗啊?我从来没要求他背诗。那么好的诗句,为什么要背呢?俊哥平时常常听我读诗、朗诵,所以看到大海,发自内心地说出一句诗,这不是非常正常的事吗?这不是自然而然的事吗?用诗来赞美大自然,用诗来表达自己的心情——这难道不是诗歌最本真最初始的意义吗?

俊哥有一天放学回家,拿出路上收到的一张广告问我:"妈妈,什么是作文啊?"我一看,是作文班的招生广告。我告诉俊哥,妈妈天天写作,就是写作文的意思。一个个字组成了词,一个个词组成了句子,一个个句子组成一段段话,一段段话就组成一篇作文了。你们一年级开始"写话",就是写句子,你不是写得很好吗?把这些话组成段落,组成篇章,就是作文啦。

俊哥若有所思地跑开了。一会儿拿着他的"写话本"过来了:"妈妈,你看我这些可以组成作文吗?"我翻了翻,很肯定地说:"可以!你看你这几句话就组成了一篇很好的作文。

第一句:圣诞节快到了,我又可以向圣诞老人要礼物了。

第二句:这几天我都在想,圣诞节我要什么礼物好呢?

第三句:今天我悄悄地告诉圣诞老人我要什么礼物了。

第四句:圣诞礼物怎么还没到呢?圣诞老人忙得不可开交吗?

第五句:我的圣诞礼物终于到啦!

这五句话把一件事情说得很清楚了,还表达了在这个过程中的各种心情,还用了成语呢!是一篇很出色的作文!"

"真的吗?"俊哥笑了,笑得好满足!

俊爸俊妈常常在家里,在阳台上,在小区花园里,在郊游的夜色里,和俊哥一起朗诵,有情有景地朗诵——对着大海读海诗,望着月亮诵月诗,听着小雨吟雨歌,赏着大雪念雪词……这不就是最好的朗诵班吗?

平时我们常有家庭读书会,大家轮流当主持人:中秋节我们家会举行中秋诗会,俊哥早早就准备好了,带领我们朗诵赞美月亮的千古佳句;元宵节我们家会举行元宵灯会,俊哥组织我们猜灯谜,朗诵元宵诗歌,他就是最佳主持人!

就是在平日,我们也常常读诗,我曾写过如下两则日记。

《雨天读雨文,享受小浪漫》

北京难得下起了雨。我带俊哥坐在阳台,看雨,听雨,享受当下。又找出些与雨有关的文字读给俊哥,享受小浪漫:戴望舒《雨巷》,余光中《听听那冷雨》《等你,在雨中》。还给俊哥唱了些与雨有关的歌,《风中有朵雨做的云》《雨一直下》《风雨无阻》……没想到这种方式俊哥很喜欢

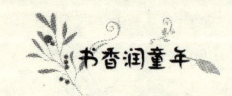

呢！我让他听到"雨"字时告诉我，他很敏锐地都能第一时间找到哦！

《月夜读月诗，浪漫有情调》

今天农历十一月十三，而月亮已经很圆。一轮明月高悬在冬夜冷寂的天空，分外宁静美丽。我是多么的喜欢月亮啊！在不同的季节，不同的城市，只要有机会，我就带着俊哥看月亮！

在哈尔滨，细雨让我们错过了八月十五的月亮，但第二天我们看到了十六的月亮比十五圆；

在厦门，我们看海上生明月，天涯共此时；

在济州岛，我们看到了韩国的月亮不比中国圆；

在青岛，我们在八大关看月出；

在大连，我们在老虎滩边晒月亮边踏浪；

在从北京回家乡福建长汀的火车上，看着月亮，我对俊哥说"春风又绿汀江岸，明月今夜照我还"……

我给俊哥搜集了好多月亮的诗歌，今晚对着一轮皓月，念给他听：举头望明月，低头思故乡；月是故乡明，露从今夜白；今人不见古时月，今月曾经照古人……月夜读月诗，如此美好，浪漫有情调！

家是最好的学校，家是最好的舞台！诗歌在家里，文学在家里！孩子是天生的诗人！年轻的父母们，带孩子读诗吧！诗是文化之瑰宝！

到生活中体验课文

常常有家长和我说，现在的语文课本有些太深奥，离孩子太远，离生活太远，孩子都看不懂。

就家长反映的孩子觉得课文看不懂的问题，我的做法是带孩子到生活中体验课文。尽量到生活中看到、听到、摸到课文中的内容，让孩子觉得课文不遥远、不陌生，以保持孩子对语文课的兴趣。

俊哥的语文书中有一篇课文《小白兔和小灰兔》，说老山羊送给小灰兔一车白菜，小灰兔不劳而获，坐吃山空；而小白兔不要白菜要种子，自己种菜成功后，挑了一担白菜送给老山羊。其中"一担白菜"中的"一担"，俊哥不理解。是啊，生活中他很少见过扁担，也就是我们带他去农村时偶尔有看到过，但印象不深，日常也没机会看到人挑水挑柴挑担子。

于是，周末，我们带俊哥来到京郊，就为了让他看看"挑担子"。可是现在的郊区也很少有人挑担子了，都已经农业现代化了。我们从郊区再往山里走，驱车好长一段路，再拐进一条土路，又开了好一阵子，终于遇到位老爷爷，挑了一担尿水去浇菜。

我们下车来，俊哥闻到尿味，捂住了鼻子。我带他走上前向老爷爷问好。纯朴的农民爷爷放下担子，和我们说话。俊哥问老爷爷挑尿水干吗啊。爷爷告诉他去浇菜。

俊哥看着老爷爷挑着沉甸甸的担子，颤颤巍巍远去的背影，沉默了好久。

这下好了，不仅知道了什么是"担子"，更深刻理解了"粒

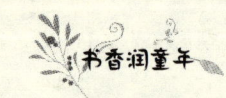

粒皆辛苦"的内涵了。现在的孩子们太需要到生活中去理解、体验课文了。孩子们的世界离大自然太远,离现实生活太远。

"万条垂下绿丝绦",孩子不理解"绦"字。那就去春天里找寻、触摸"绿丝绦"吧。孩子不知道树梢为何物,那就去森林里仰望蓝天,在蓝天与绿树的缝隙里理解何为树梢吧。小蝌蚪长什么样子?春天里去郊野公园,那里的湖泊有无数的小小的黑黑的迅速游动的蝌蚪!为何说"春蚕到死丝方尽"?让孩子们养一些蚕吧,给它们摘桑叶吃,看着它们一层层蜕皮,然后结茧,吐丝……

教育要慢下来,要淡下来,不要计算孩子们多识了几个字,多做了几道题,多练了几小时琴,要让孩子们真真正正地、脚踏实地地去体验我们真实的生活!童年是属于大自然的!教育即生活!生活即教育!

语文课本读不懂怎么办?请家长带孩子到生活中体验课文吧,让孩子在实践中感受到课文,"只有当我接近她,我才能够理解她"。

孩子不感兴趣的书不强求

常常有家长问我,自己用心良苦给孩子推荐书,孩子却不爱看,翻几页就扔在一边。我问家长在这种情况下一般会怎么做。家长来劲了:"生气啊!花那么多钱给他买的书却不读!逼他读啊,不然多浪费!"

我说,你千万别生气和逼迫,不然会适得其反。不如先淡化处理,把这书放在一边。说不定过几天孩子自己找出来看了呢。总之,遇到孩子不感兴趣的书,马上停止,不要威逼利诱,不要一厢情愿。读书是很尊贵的享受，勉强不来。

我给我孩子推荐书时也有同等经历和感受，有时候觉得他"应该"在这个年龄段、时间段读某些书，辛辛苦苦给他找来了，买来了，他却不领情，无动于衷，我当然有些失落。但是不能强求啊，我便冷处理，把书先放起来。好玩的是，过些时候，孩子可能想起了什么，就去翻这本书；也可能是他自己看完了借的书，又去书架上找书看。突然地，我就看到他把我以前想让他看但他当时不感兴趣的书找出来看，我好欣慰！就像一个当妈的，想给儿子找个媳妇，以前给他指定的他不喜欢，过了些日子，儿子自己带了那个当妈的喜欢的姑娘回来——真是百转千回啊！

所以，遇到孩子不感兴趣的书，马上停止。尊重孩子自主的阅读意志，并耐心等待孩子和这本书的缘分的来临——不要急，慢慢来，有缘会相遇。

有阵子俊哥对科学很有兴趣，尤其对力学。那天刷卡进小区门时，俊哥告诉我：门上有磁铁，磁铁有"吸力"，吸住了门，一旦刷卡，吸力解除，门就开了。我听得大受启发，我天天进进出出，却从来没有想过这类问题！俊哥真是对物理学很有感觉哦！这时候可以结合他的兴趣点，给他读一些相关书籍。于是我们找出上次去书库淘的一本《大科学家的故事》，给俊哥讲。

俊爸开始讲故事了，他先按部就班读目录。听了一阵子，俊哥终于忍不住了："爸爸，不要读目录了，直接讲故事吧。"一旁读书的我发现了俊哥对本书的一点点排斥。

俊爸读了一个故事，俊哥没有任何提问，也没像平时一样说"后来呢"，甚至没央求爸爸再讲一个。这不是他常有的读书状态。等他睡了，我拿起这本书看了看内容，对一个一年级孩子来说的确深奥了些，如"相对论"等孩子还不能理解，而且本书讲

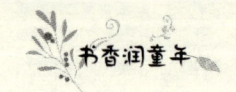

的是科学家的人物故事，这个年龄段的孩子也不是很感兴趣。

第二天我又问了问俊爸，下面真实呈现这段对话：

俊妈：昨晚睡前给俊哥读的啥书？

俊爸：《大科学家的小故事》。

俊妈：俊哥喜欢吗？

俊爸：喜欢。

俊妈：如何表现？

俊爸：不让我简要地讲目录，让直接讲故事，从第一个故事开始。

俊妈：第一个故事讲完了，他怎么样？

俊爸：没有怎样。睡觉了。

俊妈：可能他不喜欢！

"没有怎样。睡觉了。"就是孩子对这本书不感兴趣的表现。我反思，俊哥这个年龄段，这阵子，喜欢的是科学本身，而与科学家生平故事尤其是科学家成年后的故事没关系。所以，他现在暂时不喜欢这本《大科学家的小故事》。

不喜欢，我们就停下来。不要硬塞。就像给孩子吃饭，吃饱了，或实在不对胃口的菜，硬塞是没有意义的——即便他吃了，意志上是抗拒的，也影响营养的吸收，至少，吃的过程已经不愉快了。读书也是，本来就是轻松愉快的课外自由阅读，当发现孩子对某本或某类书暂时不感兴趣时，马上停下来，换一本读。这本书，先束之高阁，待到过一阵子，或机缘来了，孩子自然会喜欢——即便不喜欢，也没有关系，这也是孩子的权利，我们大人，不也有不喜欢哪本书，特喜欢哪类书的时候吗？千万不要因为一本书，伤了孩子的阅读胃口。呵护孩子的阅读兴趣，就要这么小心翼翼！

阅读活动领进门，长期阅读靠个人

2016年4月18日，中国新闻出版研究院公布了第十三次全国国民阅读调查数据，数据显示，超四成的成年国民认为自己的阅读数量较少，近七成的成年国民希望当地有关部门举办阅读活动。

这当然是件好事。但是我也要及时泼一盆冷水：如果没有自我阅读习惯，阅读活动是远远不够的，阅读活动应与自我阅读相结合。说到底，阅读活动领进门，长期阅读还要靠自己。

作为阅读推广人，我常常听到这样一些声音："王老师，你们的读书会活动办得很好，能不能多办一些啊，督促我们这些以前几乎不读书的人多读书，不然平时我们根本想不起来读书啊，也抽不出时间读书。"

每次听到这些话，我都有复杂的心情。一方面，我很欣慰我们举办的读书会活动让越来越多的人受益，唤醒一些以前几乎不读书的人多读书，让"抽不出时间读书"的人终于从百忙之中抽出时间来读书了；另一方面，我深知，读书会始终只能起到"领进门"的作用，如果自己不养成自我阅读习惯，光靠有限的几次阅读活动是远远不够的。读书不能依赖群体、依赖阅读活动，还是得靠自己。

诚然，读书会是非常好的读书形式，读书人在一起交流可以分享心得、沟通见解、互相促进。但由于时间、距离、交通的限制，除了家庭读书会以外，书友间的读书会能一周举办一次应该就算频率很高了。据我了解，尤其在大城市，不同人群要在同一时间聚到同一地点坚持做一件事情，那是有实际难度并且极需毅

力的。

我不是反对读书会，像家庭读书会如能坚持就非常好。但书友读书会始终是一种非常态的读书方式。可以点缀我们的读书生活，可以偶尔成为读书人之间的盛会，但归根结底，读书还是靠自己，"修行在个人"。真正要把读书作为一个习惯长期来坚持，真正要把读书作为一种信仰一生去追求，那么，"一盏秋灯夜读书"才是常态。妈妈们要趁早让孩子知晓，读书本与热闹无关，孩子你要静得下心来自己读书，这样才能长久享受到读书的最深层次乐趣——读书是与高贵的灵魂对话，读书是与自己的内心相照。

把书中故事演成舞台剧

有些家长带孩子阅读就是为了教育——或为了让孩子识字、背诵，或为了给孩子讲道理，或为了让孩子爱上阅读——本身这样的目的没有错，但这些目的一定要建立在"让孩子享受阅读"的前提之上，不然就很容易"有心栽花花不开"，适得其反。

有了这个前提，还要注意三点：一不要超前，二不要过度，三不要目的性太强。我说过，反对功利性阅读。家长带孩子阅读应该多想的是如何让孩子享受阅读的过程，感受阅读的乐趣。何妨多点趣味性阅读、体验式阅读，这样孩子对书中故事会更有感觉，吸纳一些东西的效果会更好，所谓"润物细无声"，所谓"无心插柳柳成荫"。

比如，可以把书中故事演成舞台剧。尤其是学龄前儿童，识字量极小，对纯文字书尚无感觉，对绘本的感觉也喜欢通过图画、动作来达成。这时候让孩子去表演绘本中的人物、动物，体会绘本中的情境,就会把孩子觉得抽象的内容变得具体、直观一些,很能勾起孩子的阅读兴趣。即使到了小学低年级,孩子对纯文字书的理解也有限,文字量过大的书籍容易引起孩子的阅读疲劳,还可能遇到阅读困难,这时候用"把书中故事演成舞台剧"的方式调剂一下,孩子的阅读体验会变得多样化、自主化、趣味化,从而使孩子更乐意继续阅读纯文字书籍,也更能多方位、多形式享受阅读乐趣。

那么,把书中故事演成舞台剧要注意些什么呢?以多年组织儿童读书会、亲子读书会以及带自己孩子亲子共读的体验而言,我觉得特别要注意两点。

一是一定要多让孩子当主角,由孩子来当导演和主演,大人配合即可。很多家长习惯对孩子的想法和表演评头品足、指手划脚,一副好为人师的面孔。其实,把书中故事演成舞台剧这件事,演什么角色,某个角色怎么演,台词怎么说,布景怎么布置……这些细节真的有什么对错之别,高下之分吗?没有,有时候真相没有那么重要。它只是我们阅读的一种延伸,和增进孩子阅读兴趣的一种手段而已。所以,请家长们少插手多放手,多让孩子自己大胆去想象,去创造,去动手,去尝试,去实践……这个过程本身就很美好,很能激发孩子的想象力、创造力、主动性,家长们何乐不为呢?

二是请家长多欣赏孩子。把书中故事演成舞台剧这件事,说小了是玩儿,说大了是艺术,家长不妨多欣赏孩子的闪光点、创意、表演力等等,千万不要专爱挑错、找茬,这个不对,那个不顺眼,会大大伤了孩子的积极性。只要孩子有一点点的创意,就夸张地鼓励他;只要孩子大胆表演,就热烈地喝彩他;只要孩子很有主人翁意识地给你安排角色,就投入地配合他……你会发现，孩子是天生的演员和导演，家是最好的舞台！

周末带五岁的俊哥看了《七耳兔》的舞台剧，一开始还担心时间太长俊哥不能坚持看完，没想到俊哥很爱看，看得哈哈大笑好多次。回家来俊哥还很兴奋，说，我们也来表演吧。我说好啊，演什么呢。

俊哥想了想，说就演最近读的《巴布工程师》里的故事吧。

俊哥当起了导演，先选演员：他自己演主角巴布工程师，俊爸演汤姆，俊妈演温妮。俊爸想偷懒，演个小角色，俊哥说不行。

表演开始了。我和俊爸都说不会演，要求导演先给我们说戏。

导演很认真，先给我说戏：你要站在这里，然后，我过来的时候，你说……

又给俊爸说戏：你就一直在前面，听到我说话，你就……

我和俊爸按导演的说戏，开始入戏。

俊哥显然对我们这两位非专业演员的演技深感不满，批评我们演得不像，还说："最关键的是你们不认真！"这话哪里学来的呢？听得好耳熟啊！

于是重来。我们这次认真了些，一来怕还要再演一次，二来也是真的被导演的专业精神感动了。果然得到导演表扬："有进步啊，再来一次！"

啊，还要再来一次！我和俊爸都抗议，要求休息。导演不答应，说可以换角色。好吧，那就换角色。

既然换了角色，我们要求导演重新给我们说戏。俊哥说戏的时候，我们发现，他对故事记得很牢呢，尤其一些我们不在意的细节，他记得清清楚楚。

俊哥还会改编，原著里没有的对话和动作，他会二次创作，还说："我是为了让你们更好演！"我们只好感谢导演！

那一阵子，俊哥迷上了演戏，《猫和老鼠》《青蛙弗洛格》《奇先生妙小姐》都拿来演。我和俊爸的表演水平也大大提高。有时候很累了，真的不想演了，只想坐着看看书，休息休息。但无奈导演很严格，要求我们好好演，而且他自己也担当主角，说戏演戏都很认真，我们不得不服啊！

孩子依恋我们的时光，不就这几年吗？再过几年，你想他让你演，他不再让；你想让他演，他不想演了！你们就珍惜吧，年轻的父母们！

量身定制读书方法

许多家长来问我，有什么好的读书方法。在给他们讲一些通用的读书方法之后，我总是说："读书方法因人而异，作为孩子的爸爸妈妈，你们最了解自己的孩子，最熟悉孩子的秉性、特点，最知道平时孩子爱看哪些书，有哪些读书习惯。所以，孩子的读书方法，需要爸妈亲自为孩子量身定制。因为每一个孩子都是如此不同，每一个人的读书方法也很不同。适用于甲的读书方法，可能一点儿也不适用于乙，但是一定能够找到适用于乙的方法。这就叫因材施教。"

是的，如果家长能够为孩子量身定制读书方法，然后与孩子一起践行，在实践中慢慢调整、优化，我想那就是适合孩子的最佳读书方法。

从我上小学二年级起，我妈妈就针对我的兴趣爱好、习惯及识字程度，教给我三个宝贵的读书、学习方法。一是抄录名人名言，二是坚持记读书日记，三是天天读报剪报。直到现在我也很感激妈妈为我量身定制了适合我、我喜欢的读书方法，让我受用终身。

名人名言录，我抄了有十来本，都是好词佳句，不止是写作的好素材，也作为一种思想深深刻入我的脑海，影响着我后来的人生观，如"书山有路勤为径""宝剑锋从磨砺出"等等都是在七八岁时学到并记住的。

记日记习惯从小学开始，持续到现在。其中很大一部分是读后感，是读书心得和思考。上大学时已记了厚厚的二十多本。后来开始用电脑记。俊哥出生后我也坚持记录俊哥的生长记录，其中很大一部分是读育儿书后的思考和分析，最后积累为自己的"育儿心经"，到现在已是两千多篇，并已结集出版《童年可以如此美好——家教八部曲实践篇》《陪伴的力量——王莉教育观察100例》。这就是时间的神奇、积累的力量。

剪报更是一件有趣的事情，我至今还留着儿时的剪报本。甚至在工作以后的头几年，网络尚不发达时，我还坚持剪报。把心仪的好文章小心翼翼剪下，用胶水粘在本子上。剪满一本，自我欣赏地翻看一大本都是自己喜欢的文章，那个自我陶醉和幸福感，不可言喻！

这些好的读书和学习习惯都是妈妈教给我的宝贵财富，贯穿我整个学习生涯，并一直延续到工作以后的自我学习和提升阶段。

妈妈不仅言传，更重要的是身教，用自己的亲身学习经历让我感受到读书和学习的美好。我小学二年级时，妈妈的单位让她去党校进修。妈妈在党校读书的两年里，对我的学习态度影响极大。妈妈天天早上五点钟起来，一边做饭，一边用老式录音机放着磁带，磁带里是录好的学习内容，什么"螺旋式上升，波浪式前进"，我就是那时候听到的，那是妈妈的形式逻辑课。至今，"螺旋式上升，波浪式前进"，这些话在我人生遇到困难、陷入低谷的时候，会突然跳出来，告诉我：不要悲观，没有事情会平铺直叙、一帆风顺，因为都像螺旋和波浪一样，是曲折前行的。看看，七八岁时的一句话，就这样能记住一辈子！

妈妈和她的同学们的学习激情深深感染了我。那时候妈妈已经四十多岁了，她让我知道了什么叫勤能补拙，什么叫活到老，学到老。每周六下午，我不是跟着妈妈去党校，在她教室找个课桌写作业，就是妈妈的同学们到我们家，十来个人在客厅里，拿着厚厚的书本，互相复习知识，那么认真，那么投入。我在想，他们都四五十岁了，还那么求知若渴，学习真是一件很好的事情！他们学习的初衷，可能是工作上的需要，单位里的要求，但在学习的过程中，他们自发地爱上了学习，并沉浸其中，享受着求知与探索的乐趣。学习，难道不是一件很美好的事情吗？不然他们为何一会儿冥思苦想，一会儿据理力争，一会儿恍然大悟，一会儿哈哈大笑！只有陷入学习中的人儿，才能享受到学习的美妙、知识的美好！

从小养成、伴随我至今并将一直持续的爱读书，以及坚持写作的习惯，成为了我生命最好的滋养和一生的信仰。我想这都离不开妈妈的言传身教，离不开妈妈对我的学习激情的感染和读书习惯的养成。我把妈妈教我的读书方法，又教给俊哥。

俊哥也抄名言，最喜欢"凡事预则立，不预则废"，所以每次学校组织郊游的前一天晚上，都要把要带去吃的食物准备好，有时候准备得太充分，竟吃掉了一些！俊哥还喜欢"满则溢"，每次倒水不会倒太满，八分就好。

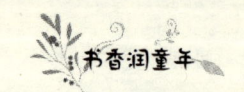

俊哥也剪报，我们给他订《儿童画报》，他把自己喜欢的篇目剪下来，贴在大大的本子上。寒暑假在家时就翻出来看，看着看着又笑起来。

俊哥也写读书笔记。我不要求他多写，一句两句都行。或者写了作为完成学校布置的写话作业交上去亦可。他的笔记本大体如此：今天我读了什么书，我最喜欢书里的谁，因为他很勇敢。这样就很好了，儿童的语言，孩子的句式，与他年龄相称的短小精悍的篇幅，我很欣赏！

代代相传的读书经，是我家最宝贵的传家宝！

孩子自己的书房

不管你家钱多钱少、房大房小，请让你的孩子拥有属于自己的书房——书房的大小不重要，重要的是孩子拥有一个属于自己的读书角落。

房子大的，有条件的家庭，当然可以给孩子单独一个房间作为他的书房。给他一排书架，让他把自己的藏书整整齐齐地摆在书架上，分门别类。平时自己看着自己的书架都很享受，别说每天在自己书房里读书有多爽了！

房子小的家庭，可以在大人的书房里辟出一角，作为孩子的读书角——别小看这一个小小的读书角，那里有孩子的位置，有你对孩子读书的重视，有你和孩子共享一个书房，共享亲子阅读的大乐趣。

再窘迫一些的，一家人居住都成问题，还谈书房？可以谈！就算在床头给孩子一个小书架，就算在门背后给孩子一个挂书袋——用心良苦的你也让孩子看到了你对读书的重视，也让孩子感受到你理解孩子对书的渴望。只要心中有书香,处处都可算书房!我们可以在窘迫的物质环境中带孩子享受精神世界的美好!

我们家的书房是我们和俊哥共用的。书房分成两边,一边是我们的书柜,一边是俊哥的书柜。每天晚上我们在书房一起读书。

有时候俊哥跟我们"租"书房,要把我们那一边也据为己有。问他干吗,他说要开个书店。好吧,我们就租给他。租金是他每天给我们读一个故事。我们作为房东,很享受他的读书服务!

有趣的是,书店门上贴的名字老更换,俊哥还振振有词:常换常新嘛!

书店最初叫"新华书店",一本正经的。因为我们最早带俊哥去看书的地方就是新华书店。

后来我们常带俊哥去北京著名的甜水园图书批发市场买书,俊哥觉得"甜水园"的名字好听,甜甜的,就把他的书店更名为"甜甜圈书店"。我说很有特色,尤其小朋友读者一定喜欢。

有次带俊哥去北大风入松书店,俊哥问我什么叫"风入松",我告诉他这是个词牌名。我又给他说起我的母校厦门大学,当年在学校南门的厦大一条街有一家我非常喜欢且常常关顾的"晓风书屋"。俊哥说:"妈妈,你不是把书房叫做'清风明月轩'吗?你的书里就写着'作于清风明月轩'。可以把你这个名字借给我书店用吗?"我欣然答应。于是那一阵子,俊哥的书店就有了个和"甜甜圈"风格迥异的名字"清风明月轩",甚为风雅!

包祥老师和我的家教八部曲母子书《自然生长教育——包祥讲家教八部曲》《童年可以如此美好——家教八部曲实践篇》由福建教育出版社出版后,新书首签仪式在北京西单图书大厦举行。俊哥参加我的签售会,看着签售台上的有我的名签,俊哥说他也要。他就拿张纸自己折成名签的形状,在上面写自己的名字,煞有介事地摆在签售台上。签售会回家后,俊哥自己把书店名字改为"朝阳图书大厦"。我问为何。他说:"西单是地名,朝阳也是地名啊,'大厦'显得书店很大,对不对?"

我大笑:"对对对,对极了!"

第二场签售会在郑州购书中心举行,俊哥也参加了。他这次看到签售台上还有个"嘉宾"的名签,就问我什么是嘉宾,又自己模仿名签在白纸上写了歪歪扭扭的"嘉宾"两字,作为自己的名签摆好。好认真啊!郑州回京后,书店改名为"北京购书中心",我惊叹:"您家的书店可是越开越大啊!"俊哥好得意:"那当然啊!"

福建第一场签售会在厦门外图书城举行。俊哥也参加了,问我:"妈妈,书城有多大啊?是不是像一个城市啊?"我说我带你自己看看吧。我带俊哥参观书城,一共六层,的确很大。回到北京,俊哥的书店就改名为"北京内图书城"。

我问:"什么是内图啊?"

俊哥说:"厦门是外图,因为他们的书店门冲着外面大街。咱家书店是屋子里面的,叫'内图'。"

我忍俊不禁,但不说破。继续问:"书城是不是有一个城市那么大啊?"

俊哥说:"没有,虽然有六层,但也没有一个城市那么大,所以我这个书店也可以叫书城,因为用了'夸张'的说法。"

我又问:"什么是夸张啊?"

俊哥有点不好意思了:"就是夸下海口!"说完跑开了。

又一场签售会在福建教育出版社举行,俊哥问什么是出版社。

我说:"你的书店是卖书的,那书是从哪来的啊?就是出版社。出版社是编辑好书的地方。书店从出版社批发书,再零售给读者。"

俊哥说:"那我也想开出版社。"

我说:"好啊,那你要善于发现好书,善于发现写好书的作者,比如包老师啊,比如我啊……"

俊哥不甘示弱:"还有我呢!我也会写书!"过了一会儿,俊哥拿着一张纸过来,说:"我也要出书!"我一看,纸上写着他刚刚学会的数字和字母。我哈哈大笑:"好有创意哦!你也出书啊!"俊哥开心极了:"对啊,我也会写书嘛!"

他自己跑开了。我以为这事告一段落。一会儿他拿了十张纸过来,都是他写的数字啊字母之类。又让我给他双面胶,要把零散的纸粘上。我说用订书机啊。俊哥说不行,怕买书的人被订书钉划到手。太细心了!我马上支持!俊哥在那忙乎半天,小心翼翼地用双面胶把他的作品一页一页粘上,对得整整齐齐。看着他那认真劲儿,我实在舍不得错过这个美景。我不写书了,蹲下来,在俊哥旁边,安静地看他工作着。他的睫毛投下一道美丽的阴影,他的小手在自己的作品上不甚灵活却相当爱惜地摩挲着。这一刻,我愿时光停留,我愿久久地欣赏孩子的专注与投入……

不知哪天,书店就改名为"小朋友出版社"了……

妈妈带孩子去书店,给孩子讲各种书屋的名字的故事,这是美好的文化熏陶;孩子有自己的书店,还自主给书店起名、更名,这是个从小有读书意识、爱读书的孩子;妈妈们少带孩子逛商场,多带孩子去书店,多带孩子读书吧。妈妈播种什么,孩子就收获什么。

和孩子分享读书故事

家长们如果希望孩子爱上阅读,除了要带着孩子坚持天天读书,经常去图书馆和书店,也要常常和孩子们聊读书,和孩子分享自己的读书故事——你给孩子讲一个你小时候的读书故事的作用,或许比你叫孩子"多读书"叫上十遍还管用,因为这是现身说法,是你的"身教"。

我就喜欢和孩子聊我小时候包括青年时期的读书故事。孩子很爱听我讲这些故事。当然讲自己的读书故事也要结合情境的,如果为了讲而讲,是很容易让孩子看出我们的"居心"而产生逆反心理的。相反,结合情境讲,孩子就很爱听。比如那次,我给俊哥讲那看小人书的岁月,俊哥就听得入迷。

有天在报摊买些报刊,突然发现有小人书卖。以前一直想给俊哥买小人书,在旧书市场找过,跳蚤市场找过,总是寻寻觅觅而不遇。今天缘分来了,看到一大摞。

现在的书,包括小人书,也比以前繁华多了啊!讲究包装!五本连着包装在一起,每一本独立塑料袋包装,还写上个"红色系列"或"神话系列"等名字。

先给俊哥买了"红色系列",我的经验,给孩子买书不要一次买多。要少买多次,读完意犹未尽时,再买,效果很不一样。这个系列有《小兵张嘎》《地道战》《地雷战》《狼牙山五壮士》《鸡毛信》等,有些故事给俊哥讲过,但小人书形式还是蛮新鲜的。

小人书,文雅点叫"连环画"。但我们小时候就叫它小人书,甚至,用我们的客家方言叫"菩萨子书",意指小小的、有图画的书。把书拿回家，俊哥很惊喜。还没开始看，我们先给俊哥讲当年我们看小人书的岁月。

那时候，80年代初期，在我们老家福建省长汀县，唯一的租书摊摆在"汀州剧院"大门口。在儿时的我的眼里，那是一块巨大的空地。有几大块书摊，大部分是大人看的书，有大大的杂志，也有大部头。小孩子看得懂的就一个小书摊，其中就有让我们爱不释手的小人书。

《西游记》《三国演义》《山海经》……对这些书的第一印象就是从家乡的租书摊上建立起来的。租一本小人书五分钱，两本一毛钱。但那时候手头紧，哪有零花钱。我们小孩子就赖在那蹭书看。犹记得老板娘比较凶，老叫我们"小鬼别看了，要看先交钱"，驱赶我们；老板比较和善，带个眼镜，少言寡语，看我们赖着看很久书也不发话。

只要老板娘不在，我们就能蹭书看，看上好一会儿，从放学看到天黑……那是一种非常愉悦的阅读体验。我们背着书包，书包里书啊本啊有多沉都没关系，站在书摊旁拿个书看得津津有味。不敢坐着看，怕凶悍的老板娘突然出现，来不及逃跑。就那样站着，看着，笑着，互相分享议论着。南方的天空渐渐暗下来，我们却浑然不觉，看得如痴如醉。待到华灯初上，万家灯火，或是老板娘从家里做好饭拎着饭桶来了大喝一声，我们才想起该回家了。一路上讨论着刚刚看过的书里的精彩情节，一整条店头街上洒满小屁孩们关于书的高谈阔论，甚是阔气！

也不是天天都免费看的，再说我们自己也觉得不好意思。于是同学里谁有个一毛二毛钱的，就请要好的同学去租书摊，敞开了看！那样的日子就像个盛大的节日。我们大摇大摆来到书摊，一改平时的低声下气，大声叫唤着："老板娘，租书咯！"很大方地扔给她几毛钱，挑起最爱看的书，摆开架势坐在椅子上有模有样地看起来。读着读着，就忘记了老板娘的存在，就忘记了天色渐晚，就忘记了爹娘喊吃饭，已经完全进入到小人书的大世界里……

俊哥听我讲那看小人书的岁月，时而哈哈大笑，时而聚精会神。他不会理解几毛钱对求知若渴的我们的意义，但大体能体会到爱书的心情。然后，开始和他一起看新买的连环画。一样的故事，一样的情节，在一代又一代人嘴里传颂……书籍真的是个奇妙而伟大的发明！有什么比书更经得起时光的打磨、岁月的沉淀呢？

寒暑假是孩子自由阅读的好时光

寒暑假来临了，让孩子们干什么好呢？很多家长犯难了。学校不上课了，不能让孩子疯玩啊。一两个月的长假，老人也看不住孩子。于是不少家长给孩子报这班那班的，恨不得把孩子的时间都填满才放心。

其实，家长们忽视了一点，寒暑假恰恰是孩子自由阅读的好时光啊。这时候让孩子大量阅读，如饥似渴地享受阅读，那真是你给孩子奉上的精神盛宴和最佳礼物！可以给孩子买一系列书，让他在假期里有计划有层次地阅读；可以带孩子们去图书馆借一批书，然后换书、借书，良性循环；可以带孩子们去书店看书、买书，让书香洋溢寒暑假！

俊哥放寒假了。

我给他讲我小学时的寒暑假生活：

上午，打羽毛球，读书；

下午,游泳,读书;

傍晚,买菜,择菜,读书,等妈妈回来炒菜。

晚上,散步,读书。

俊哥发现了:"读书"出现最多次!

是的!自己读书、和同学们一起运动是寒暑假生活的两大主题。我真希望现在的孩子们,也是这样过寒暑假,多读书,多运动,多亲近书籍和大自然,远离电子产品!

那时候我每隔一两天就要跑一趟我们家乡的长汀县图书馆,去借书、还书,那几年几乎把县图书馆的书都看遍了。低年级时是步行去图书馆,走过那条千年唐宋古街——店头街。当时的小城很清净,假期里的街道更安静,暑假时我能听到自己的凉鞋踏在青石板路的声音,清脆悦耳。怀着这样的好心情去借书——应该说是想着即将与书会面,心情特别好。高年级时学会了骑单车,骑着车飞奔去借书,一路留下铃铛叮铃铃……图书馆阿姨都认得我了,每次对我笑眯眯——那也是那个年代的纯朴与友爱。去年回老家,在大街上图书馆阿姨认出我来,说,"你不就是那个天天来借书的小姑娘吗?儿子都这么大啦!"俊哥说:"当然啊,我是大男人了!"阿姨大笑。

说完了小学中学的寒暑假生活,再说我的大学。暑假了,我会推迟几天回家,在厦门大学图书馆看看书。那时候的校园非常安静,不仅没有现在这么多游人,就连学生也都走得差不多了,非常适宜读书。假期的图书馆虽然不全开放,但我已很知足。偌大的图书馆只有几个人,而几万册甚至更多的书在那任我挑选,简直有"坐拥十城"的霸气。每次在图书馆读书一天,走出馆外时,巨大的幸福感涌上心头,甚至有一种从美丽的想象世界回到了现实中的失落感。我独自走在回宿舍的路上,慢慢享受这种幸

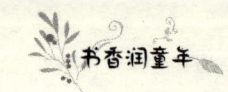

福感与失落感交织的不可名状的感觉，路过芙蓉湖畔，来到白城沙滩，刚刚读过的书在脑海里激荡，看着波涛汹涌的大海，心胸无比开阔……失落感终于消退，幸福感上升为对明天又可以在图书馆泡一天的强烈期待！

还有一年暑假我在厦门日报社实习，业余去得最多的地方就是市图书馆，离报社很近。走出报社，不自觉地就会走向图书馆。馆里人也不多，我喜欢这种洋溢着书香的安静。借书，读书，还书，回学校路上想书……

俊哥对我描述的寒暑假生活心生向往，我说我也可以让你过上这种生活！说完我们马上行动！寒暑假里，我带俊哥来到小区里的社区图书馆，虽然很小，但是也有各种品类的书，也有适宜孩子的书。我们在小板凳上一看就是半天，然后回家吃饭很方便，下午再来；朝阳区图书馆也离我们家不远，公交车几站地，我们带着水杯来到这里，借书，看书，中午出来吃碗面，下午继续看；再远一点，国家图书馆也是地铁可达，人多一些，少儿阅读区有时要排队，但书也多很多，很丰富，时而还有读书讲座和互动活动，文化氛围浓郁……寒假带俊哥回老家，我带着他来到我小时候常常光顾的家乡图书馆，虽然馆址已换地方，管内设施也早已升级，但是看到孩子在我曾经喜欢的图书馆看书，真的觉得很幸福。

在家里，俊哥有自己的图书馆。小时候，在家发现俊哥安静好一阵子了，那一定是在浴室玩水；大一点了，在家如果发现俊哥安静好一阵子了，那一定是在书房看书。我悄悄地来到书房，发现俊哥缩在角落，拿本书看得入迷，时而自己在那笑，时而眉头紧锁像在思考，真为俊哥陶醉于读书的美丽时刻感动！

从"触摸科学" 爱上自然科学书

常常有家长问我,孩子只爱看漫画书、故事书,不爱读自然科学书,怎么办。咨询这类问题家长的孩子一般有两个特点,一是孩子年龄较小,对比较深奥的自然科学读不进去,不能理解;二是孩子是女生,家长觉得女生天生对自然科学的兴趣就不如男生。

这种情况家长们一不要急,孩子还小,要慢慢来,不能强迫,不然伤了孩子胃口可能本来有兴趣的都要变得不喜欢了;二要抛弃"女孩子天生对自然科学的兴趣就不如男生"的错误观念;三是从生活中随处可见的自然科学现象开始,让孩子"触摸科学",感受到科学,激发出兴趣。孩子一旦有了兴趣,再谈读自然科学书一事就水到渠成了。

我带俊哥学科学,一定是"手眼并用",既要阅读科学,也要触摸科学、感受科学。常常能够接触到科学的孩子,一定会爱上科学!我常常带俊哥出入科技馆、博物馆、天文馆,参加科技节、科技周等各种活动,让他看到、摸到、闻到科学。如此坚持多年下来,我家俊哥从小爱读科学书,《儿童好奇心大百科》《十万个为什么》《100个物理小实验》《动物世界》《热带植物》等等都是他的好朋友。阅读科学是件美妙的事情,启蒙智慧、启发思考、引人入胜。

俊哥对自然科学比较感兴趣,尤其是读了《动物世界大百科》《我的第一套百科全书:动物世界》等一系列介绍动物的书之后,不时地向我们提出有关动物的形形色色的问题。我们一边查书解答,一边带他到各地的动物园去观看、触摸真实的动物。

这些年带他到过北京动物园、八达岭野生动物园、新加坡夜间动物园、威海动物园、广州长隆动物园、美国圣地亚哥海洋世界、珠海长隆海洋世界等许多动物园,他逐渐了解一些动物,还常常活学活用,知道了什么"高超的拟态""古怪的保护色""变色的奥秘"等等。周末要去公园玩,他会穿上迷彩服,说是"保护色"。

去各地旅行,我们的行程再紧张也要特地安排时间,去当地的科学馆、博物馆参观。这样做既加大了让孩子"触摸科学"的频率,也让孩子见识不同国家地区的科学馆风貌,还让孩子感受到家长对科学的兴趣和重视,潜移默化之中孩子就爱上科学。

暑期带俊哥到美国旅行,我们特意安排参观洛杉矶的葛瑞菲斯天文台。葛瑞菲斯天文台是世界著名的天文台之一,坐落于好莱坞的山顶上,是洛杉矶的标志性建筑。该天文台自1935年开幕以来,已吸引超过五千万人次前往。天文台的核心部分是一座圆盖覆顶的太空剧场。巨大的行星仪利用各种巨型投影设备,呈现出约九千余个浩瀚苍穹里的银河星球。科学展示厅内展有许多天文物理的知识及图片,以实物或模型表现出元素表、月像及陨石等,是了解地球运转、地心引力及地球知识的最佳学习场所。天文台顶上还有一座加州最大的12英寸巨型天文望远镜,开放给民众免费探索群星的奥秘。

我们到达天文台时正是中午,空旷的天文台外广场上,加州的烈日赤裸裸地暴晒,气温高达40度,大人小孩都热得不在状态。我还担心今天特意安排的触摸科学之旅要效果不佳了。没想到,一进入这个八十高龄的天文台,刚才还热得打蔫的孩子们竟一下子活跃起来——葛瑞菲斯天文台太美啦!是的,这是我见过的最美的天文台。她把科学以美呈现,并紧紧贴近我们的生活。

她向我们演示为什么一年会有四季，随着太阳、地球的公转、自转，屏幕上逐渐出现了春天的绿色、夏天的多彩、秋天的红色和冬天的洁白……原来科学可以如此诗意！孩子们看得入迷，一遍一遍重复看。原定两个小时的参观时间不得不延长为整个下午。当天晚上俊哥还意犹未尽，和我们一起回味白天看到的展示，问些千奇百怪的问题。我们约好，回国后赶紧补充一批天文学的书籍来看，不然知识不够用了，家里那些科学书已不能满足我们强大的好奇心与求知欲了！

无独有偶，在旧金山湾区的奥德赛科技馆，我们看到了"触摸科学"的字样，俊哥又一次近距离地摸到、听到、看到科学。在力学馆，有一个关于"风"的主题，孩子们动手感受风力、水力、电力……一连串的惊喜，好奇，探索，发现。在力学专题馆，他们是这样用一连串的提问启发儿童、向儿童介绍大自然的神奇的：你怎么感受到风？风对海面有何影响？树如何对风作出反应？风怎样影响鸟的飞行……在旧金山小上学的曼玉小朋友告诉我，学校里老师也鼓励学生提问。大家在课堂上如幼儿园一样围桌而坐，小组讨论，提问，答辩。启发式教育，多么好！

奥德赛科技馆门口的"触摸科学"字样

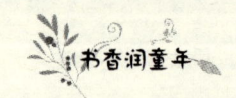

北京每年的科技周活动我们也都带俊哥参加。科技活动周是经国务院批准，在每年五月第三周举办的大规模群众性科技活动，自2001年以来已经连续成功举办了十多次，参与公众累计超过10亿人次，成为公众参与度高、范围覆盖面广、社会影响力较大的品牌性科普活动。每年这个时候，我们常常带俊哥参加丰富多彩的科技活动。

2013年，在农展馆举行的北京科技活动周活动中，俊哥第一次体验了3D打印。此外还有新能源电动汽车、双轮智能平衡电动车、不用戴眼镜的3D显示器、音乐演奏机器人等诸多高新科技产品引起了小朋友极大的科学兴趣。

2014年，俊哥参加科技周活动，看到很多惊喜：掌握煸炒、烧、烩等多种功能的炒菜机器人，教你灾害发生后该如何逃生和自救的"安氧特应急逃生装备"，新型高科技防霾装备"霾星人TM鼻用空气净化器"，"4D动感驾驶模拟器"，一种有折椅功能的拉杆箱式便携折叠电动车等，还取得了"护照"，盖了许多小印章，回来可开心了。并且获赠《走进博物馆》一书，之后的半年里，我们照着这本书的指引，又逛了北京的好多博物馆，大开眼界。每参观一个博物馆回来，就买些相关书籍做延伸、拓展阅读！

2015年，在5月16日中科院化学馆开放日，俊哥看到了许多"生活中的化学"：高分子塑料袋装满水，用铅笔把塑料袋扎出洞洞来，但水不会从洞洞流出来；口香糖和巧克力一起吃，会相溶，因为分子结构相同……先看到、摸到化学，再回家读他的化学小实验的书，俊哥就豁然开朗了，以前很多谜题解开了，他更加喜欢做小实验了。在动手中触摸科学，在聆听中感受科学，在嗅觉中闻到科学……小朋友通过感官来接触科学、靠近科学，是多么好的阅读科学书、爱上科学、享受科学的方式!

请家长们带你的孩子触摸科学感受科学吧!让你的孩子从小爱上科学,爱读自然科学书!

认真对待孩子关于书的提问

俊哥经常问我关于他近期在读的书的一些问题,有时候问得很细,比如书中人物的关系,书中具体的一些武器、用具的名称等等。而我并没有对他读的书了解得如此细致,一般只有总体把关,少部分会一起细读。所以,他问的问题我大都答不上来。有时候我会饶有兴致地猜答案,然后看他很得意地否定我、告诉我真相。但有时候我也会表现出不耐烦,过后就很后悔,因为这样的不耐烦一来会伤害孩子的阅读兴趣,二来会影响孩子和大人沟通的积极性。如何对待孩子关于书的提问呢?

首先,最好的做法肯定是"孩子看的书家长也认真看",这既是为孩子把关,也是和孩子分享他的书。其实大人不要觉得孩子的书幼稚,很多经典儿童读物或许你正好也没看过,刚好补课;或许你小时候看过,现在重温一遍会有不同感受;即使你就是为了给孩子把关,特地先看一遍,也是很值得的。

其次,如果你实在做不到"孩子看的书你也认真看",最好把书的内容梗概看看,大致了解书中内容、主要人物,如此"备课"之后,才足以与孩子对话,才不会对孩子的提问一问三不知。如果孩子觉得你对他读的书没兴趣或很不屑,是会挫伤他的阅读兴致的。

第三,如果你连大致了解书中内容也难以做到,至少不能对孩子的提问表现出不耐烦,而要兴致勃勃地参与答题,耐心听孩

子给你讲解。这时候要停下手里的事情，专心和孩子探讨，虚心接受孩子的批评和纠正，像个学生一样以孩子为师——这对激发孩子的阅读兴趣是多么好的又多么简单的做法啊，家长们何乐不为呢？

只要重视孩子阅读的家长，就会认真对待孩子关于书的提问，还会巧妙地以此为契机，增进亲子关系，加强孩子的阅读兴致和深入思考习惯。坚持做，会很好！

家人共同喜欢的书

如果在一个家庭里，爸爸妈妈和孩子能有几本共同喜欢的书，那真是一件非常好的事情。书房里，柔和的灯光下，一家人凑在一起读一本共同心仪的书——我一直觉得这是最温馨的家庭合影之一。

有人会说，爸爸妈妈和孩子之间，有年龄差，有性别差，有性格差，阅读喜好很不同，怎么可能共同喜欢一本书？其实不然，人性都是相通的，大人也是从小孩过来的，别忘了大人都曾经是孩子，而男人女人之间也是互相理解的，有些书真的是男女通吃老少咸宜，比如《西游记》，比如《伊索寓言》，比如《安徒生童话》等等。

当然不止我举例的这些，我觉得只要用心找，一家人是一定能找到几本共同喜欢的书的。也不要刻意找，坚持长期读，用心淘好书，总有一天，你们一家子会突然在图书馆，或旧书摊，或书店里，甚至在跳蚤市场，突然就遇到了一本你们都喜欢的书，那感觉真是美妙！

找到之后，经常地找一些时间，比如周末，比如节假日，比如某个下雨的夜晚，比如某个郊游的日子，一家人一起捧读这本共同心仪的书，有时各抒己见，争得面红耳赤；有时会心一笑，默契顿生……这难道不是很愉悦的一件事？

俊哥和爸爸妈妈都喜欢一本期刊《看天下》，这是我以为当今办得不错的一本杂志：视野开阔有广度、掘地三尺有深度、独立思考不媚俗，仅此三点，已是难能可贵。

《看天下》是旬刊，每月上旬的 8 号、中旬的 18 号、下旬的 28 号各一期。于是每到逢 8 号的日子，我们一家人就很兴奋，期待《看天下》的出版，赶紧去报摊买一份（我特意不去邮局订阅，我觉得一家人在一个特定日子一起兴致勃勃地去报摊买书报是一种享受）。买回来大家抢着看，实在抢得不可开交之际只能靠剪刀石头布或掷骰子来决定谁先看。

一本《看天下》，俊哥爱看《生活新品》，里面一些奇思妙想出来的新设计他特别感兴趣，还试着自己动手做，俨然个理工男；新闻男俊爸爱看时评、社论；我喜欢看文化、专栏和幽默。就这样一本杂志能让我们各取所需，各得其乐。决定了谁先看谁后看的顺序之后，三人就乖乖地守规则来看书。先看的人洋洋得意，后看的人一边看着自己的书，一边督促先看者快点看别磨蹭，实在忍不住了就凑过去一起看。在这电子产品充斥的年代，还有一个家庭会为了争看一本书而如此热闹，我真觉得这个场面很温馨很难得。

珍视孩子对书的渴望

有些家长一方面抱怨自己的孩子不爱看书,另一方面对孩子提出的买书要求却不珍视。可能有些家长很忙,随口答应孩子"买",但一拖再拖,甚至最终一直没买。这样做的损失,不只是没读到一本书那么简单,而是给孩子带来失望,伤害了他对书的感情,对书的如饥似渴、迫不及待的渴望。这种宝贵的渴望很可能就逐渐淡漠了。

我自己就有这种体会。有时候在书店偶遇一本心仪的书,不习惯于电子阅读的我一般都会马上买下来。不去想要不要网上比比价格啊,要不要等过节优惠啊。因为,我怕和这本书的缘分就因为这"等一等"和"比一比"擦肩而过。

家长们应珍视孩子对书的渴望,面对孩子提出的买一本好书的要求,拿出高度热情和重视去对待,用心呵护孩子的看书积极性。对于孩子的买书要求,只要是健康的书,我从来都是爽快答应,并且马上行动。这个"马上行动"很重要,体现的是我们对孩子的诚信,以及对孩子热爱书的感情的一种珍视。

孩子对于一本书的渴望也是很容易被其他兴趣和欲望取代的。我们尤其要珍视孩子的这种渴望,并且大力支持。比如俊哥提出买《我的幸运一天》一书,我们这对自称为"行动派"的母子俩马上发挥行动力。《我的幸运一天》,是俊哥在学校听老师读的一个故事,回来就要我给他买这本书。

但是,一开始,俊哥说的书名并不是"我的幸运一天",而是"我好幸运"。估计他就是在学校听老师读了一遍,书名没记准确。我们俩郑重其事地在网上搜,未果。

第二天俊哥放学回家，说特地问了几个同学，说是"我真幸运"。我们俩继续认认真真在网上搜，依然未果。

俊哥锲而不舍，想啊想啊，终于说，是"我的幸运一天"。我喜出望外，再一搜，果然！马上订货！

这本幸运的书很快就到货了！为什么说它幸运？因为它被一个孩子和他的妈妈如此重视！如此执着地要遇到她、买到她、读到她！

而我们也是如此幸运，因为我们终于读到了她，享受着她！故事说的是，一只小肥猪找错了门，来到了狐狸家。狐狸简直不敢相信这是真的——可不是每一天都能碰到午餐送上门来的好运气！聪明伶俐、随机应变的小肥猪临危不乱，想出来对付狐狸的办法。他说服狐狸给他先洗个澡，然后给他喂点东西，努力让他更肥一点，最后给他做个按摩，这样狐狸就能吃上更加可口的小猪。谁知狐狸忙乎一天后累得筋疲力尽，小猪飞快地跑了！这难道不是小猪幸运的一天吗！

书中小猪对狐狸说过多次的那句话"考虑考虑吧，狐狸先生"，一度成为我们和孩子间的常用语。周末，阳光灿烂，俊哥一起床就说："今天咱们去公园吧，怎么样？考虑考虑吧，狐狸先生？"我们常常会被他逗乐，然后开开心心去公园！

偶尔，俊哥放学回家想先玩再写作业。我会说"是不是先写完作业再玩呢，考虑考虑吧，狐狸先生？"俊哥一听，一般情况下会主动而快乐地做出先写作业的选择。有时，他也会坚持要先玩一会儿，我们就尊重"狐狸先生"自己的选择。

对一本书的热爱与执着，对一个孩子的小要求的认真与诚信，这是多么宝贵的情愫！把这些传递给孩子，难道不是最大财富？

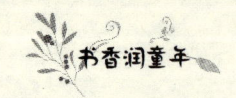

《我的幸运一天》真是让我们感到幸运的一本书!

假期推荐书单里没有中国书

放暑假了,好些家长咨询我,假期给孩子读什么书好,并拿出学校推荐的书单给我看。看了八九所学校的推荐书单,从幼儿园到小学都有,突然发现一个共同点:书单里竟都没有一本中国书!

我问家长们,为何学校的推荐书单里没有中国书?一半家长说没发现也没想过这问题,一半家长振振有词:孩子只喜欢外国绘本!

其实有很多好的中国书可以给孩子们看!

中国的小人书、连环画即是优秀绘本。虽然只是黑色线条,却能把人物表情描摹得栩栩如生,甚至能把"坏人"的险恶都刻画得入木三分。连环画可是中国文化的一种"浓缩的精华"。

再看看丰子恺的书与画,也是白纸黑字黑线条,很有意境,中国文化能从简简单单的线条里流淌出来。看看那"人散后,月如钩天如水",澄澈得不可名状。《丰子恺儿童文学全集》里的《给我的孩子们》《少年美术故事》《少年音乐故事》《中学生小品》等系列,写的全是孩子们的故事,俊哥爱不释手,百看不厌。

再说说中国名著,包含但不限于四大名著。《西游记》,小学中高年级孩子就可以看了;《山海经》,曾经让小学三年级的我迷得一塌糊涂,幻想了整整一个暑假"要去山那边海那边"看看神仙;《孙子兵法》,男孩子们一定会喜欢得不得了!

再有当代的郑渊洁,曹文轩,动物小说家沈石溪的作品……

中国好书不胜枚举，适合孩子们看的也非常之多。但当下似乎出现"重外轻中""重画轻字"之怪现象，不仅学校，还有报刊、网络等各种媒体的推荐书单里，中国书也寥寥无几。永远不要忘记我们的文化之根，而我们的孩子就是在这样一种文化里长大、浸润的，这到底是适宜中国家庭、中国孩子的文化！我当然赞赏多读优秀的外国书，但绝不同意把中国书抛到脑后。推荐书单里，至少要有一些中国书，先把自己的文化读懂，何况中国文化如此博大精深！

参加学校的读书活动并作延伸阅读

当下，很多学校已经越来越重视培养学生阅读习惯，这是个很好的现象。比如每年在世界读书日举办活动，或者有自己学校的读书节，或者平时就经常性地引领孩子们读书，真的非常好。每当俊哥学校有读书活动，我一定鼓励他积极参加。让他带着自己爱读的书参加好书交流活动；让他带着自己小时候看的书参加图书义卖活动，他常常买了很多书回来；学校的图书馆，我鼓励他常常去看书借书；学校寒暑假推荐读书，我们不停留于只读推荐书目，还作延伸阅读。如学校曾经推荐读孙幼军的《怪老头》《怪雨伞》两本书，我们认真地买来给他看。俊哥读了很是喜欢，意犹未尽，后来我们想方设法把孙幼军先生的童话书大都买来了，让俊哥一次读个够，那一阵子我们的读书话题都是围绕孙幼军的作品展开。

郑州中学附属小学的校长华勇先生就和我说，他们学校很用心地经常组织读书活动，而更用心的是家长们，他们不仅积极参加活动，还在活动之后带孩子做延伸阅读，让孩子受益匪浅。某

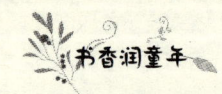

个周末华校长学校又有读书活动,我来到学校,果然看到热情高涨的孩子和家长们。原来华校长别出心裁,特意把读书活动安排在周末,方便家长们一起参加。校长和老师们为了活动效果更好,宁愿周末加班辛苦点。真为这样的好学校好校长好老师点赞!家长们带着孩子,带来了自己爱看的书,和其他同学交流;看到别人看的好书,认真地记下书目或拍照片,说是回去就要买书看。华校长请我给家长们讲讲亲子共读方法,好多家长认真听讲,记着笔记,后来还问我问题。家长这么爱读书,和校方长期坚持举办读书活动、营造读书氛围、推动家长读书是分不开的。对郑州中学附小的做法我非常赞赏,在这所学校我看到的孩子们大都开朗热情,阳光向上,爱提问爱交流,最可贵的是眸子里闪着光,我想这和爱读书不无关系吧。

建议家长们重视和珍惜学校组织的每一次读书活动,抓住学校组织读书活动的机遇,带孩子积极参加,并作延伸阅读。

第三辑　书香滋养童年
——带孩子读哪些书

写完了为什么读书和怎么读书，我们聊聊读什么书。由于篇幅有限，只能选取一些书来推荐，选书过程中我坚持了三个原则：一是自己亲自带孩子读过的书里，孩子感受比较深的书，更能引起同龄人的共鸣；二是我觉得视角比较独特，如从性别角度选书，或是比较容易被当下读者忽略的书，如从中国文化角度选书等；三是避开了一些目前被广泛推荐的书，此处不再赘述。即使推荐再多的书，也只是沧海一粟。天下好书甚众，祝福爱读书的你，好读书，读好书，读书好！

《让路给小鸭子》抚慰了孩子的童真

《让路给小鸭子》，作者是美国的麦克洛斯基。图书用深褐色、略带那么一点暖暖的暗红色的笔触，画了一个警察拦下所有车辆，护送排成一排的鸭子过马路的温情脉脉的故事。

每次给孩子们读这本书，我都能看到儿童眼里闪耀的善意柔美的光芒。是的，这是一本最仁慈的书，她所展现的人与自然的

和谐共处感动了每一位读者。就是这么一个很简单的小故事，却赢得各种美誉：获得1942年美国凯迪克金牌奖，入选美国全国教育协会"教师们推荐的100种书"，入选日本儿童文学者协会编"世界图画书100种"，入选纽约公共图书馆"每个人都应该知道的100种图画"，2001年被美国《出版者周刊》评为"所有时代最畅销童书"……为什么一本写让路给小鸭子的童书如此受欢迎？我想就是因为她写出了人类美好的情感：对大自然的爱护，对小动物的呵护，对人们尤其是孩子们心底最柔软地方的保护。

无独有偶，2016年我看到一则媒体报道，成都地铁7号线缓工四天，因为幼儿园小朋友写信，请多给鸟一些生长时间，地铁修建方紧急修改了方案。当下是中国高速发展的时代，很多城市都在修地铁建高架桥，一些城市仿佛一个大工地，到处尘土飞扬噪音震天。有些地方为了赶工期、求进度，恨不得分秒必争，连夜施工影响居民休息也不管，噪音尘土污染周边学校也不顾。而成都地铁7号线居然能为了几只小鸟而缓工四天，只为了让孩子们真实地看到小鸟学习飞行的画面，只为了几只鸟儿的飞翔与歌唱——在这物欲至上的世界，让我们看到一丝诗意的美好，和善良的可贵。老师说，比起以往的电视画面，这次教育显得更加真实，孩子们见证了小鸟从破壳到飞翔的整个过程。无论是学校教育还是社区的宣传标语，都在倡导保护自然，但很多时候难以落到实处，而这个事例让人们看到了不一样的一面。

看到此则报道，让我感觉心头一暖，内心深处最柔软的地方荡漾出脉脉温情——这样的教育真好，不仅是真实的生物课、实在的保护自然课，更是一堂爱的课程，呵护了孩子们柔软的心。当他们长大成人，一定会记住这一堂特别的课；当他们乘坐成都地铁 7 号线的时候,一定会想起这几只小鸟,一定会在平淡琐碎的生活里发现一道美与善的光芒。

带孩子读读《让路给小鸭子》吧,让我们对鸭子对鸟儿对孩子都多一些等待,多一些耐心,多一些呵护。教育,需要等待,需要静下来,慢下来,淡下来。需要停下铿锵的脚步,等待一颗柔软的心,感受生命之美……

阅读小贴士

适合年龄:2—5 岁

书名:《让路给小鸭子》

作者:(美)麦克洛斯基

译者:柯倩华

《青蛙弗洛格的成长故事》:每个孩子都曾有过飞天梦想

非常有意思,每次给不同地方的不同孩子群体做读书会,只要读到《青蛙弗洛格的成长故事》系列,大多数孩子都会比较关注其中一本《我就是喜欢我》:弗洛格拿一个床单当翅膀,想要飞起来。当然他没能飞起来,但后来他慢慢喜欢上了独特的自己。

我在想,为什么孩子们都喜欢这本《我就是喜欢我》?是不是每个孩子都曾有过飞天的梦想?甚至,连想飞起来的方法都惊人地一致——拿一个床单当翅膀。其实一本书之所以让你喜欢,无非是触动了你的内心,引起了你的共鸣,让你从书中看到了自己的影子。

《青蛙弗洛格的成长故事》系列第一辑 12 本,我几乎本本喜

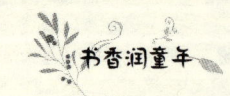

欢。无论是充满英雄主义色彩的《弗洛格是个英雄》，还是真实描述恐惧感的《弗洛格吓坏了》，或是讲述初恋的《爱的奇妙滋味》，或是讲述友谊的《找到一个好朋友》，都让我感到非常亲切——这些都是小时候我经历过的事情、心情、感情。我曾有过的种种情绪，在一只小青蛙弗洛格身上找到了依托，得到了共鸣。仿佛让我那些在三十年前无法找到着落的情感终于找到一个归依，内心温暖而柔软。

小朋友们当然比我还喜欢《青蛙弗洛格的成长故事》，里面说的哪里是青蛙，分明就是在说孩子们自己啊。《弗洛格找宝藏》《弗洛格去旅行》，说的不都是让孩子们兴奋的事？《难过的弗洛格》《冬天里的弗洛格》，"用一以贯之的真诚妥帖地表现出了青蛙弗洛格情绪的波动。"（英国《卫报》）孩子们发自内心地喜欢这只和他们很相通的小青蛙。书中插图非常简约精致，被誉为是"简笔画世界的杰作"。

作者马克斯·维尔修思1923年出生于荷兰海牙，他被认为是荷兰最伟大的儿童图画书创作人之一。"青蛙弗洛格的成长故事"系列图画书是他留给世界的"绝唱"式作品。该系列荣获过诸多重要奖项，包括荷兰的"Golden Pencil"大奖、法国的"Prix de Treize"大奖、德国的"Bestlist Award"大奖、并最终在2004年荣获"The Hans Christian Andersen Medal"（国际安徒生插图奖）。

带孩子们看看这只小青蛙的故事吧，每个孩子都曾有过飞天梦想，每个孩子也都曾有过弗洛格的经历和情绪，让孩子们从书中找到自己，然后释然，然后成长。

阅读小贴士

适合年龄：3—6 岁

书名：《青蛙弗洛格的成长故事》

作者：（荷兰）马克斯·维尔修思

译者：亦青

永远的《巴巴爸爸》

《巴巴爸爸》（Barbapapa）系列图书作者、法国漫画家德鲁斯·泰勒（Talus Taylor），于 2015 年 2 月 19 日在法国巴黎去世。喜欢读《巴巴爸爸》的俊妈俊哥以再读一遍全套书的形式纪念作者老泰勒。我告诉俊哥，一个人能让他的作品流传千古，深受各个时期和国家的读者喜欢，是作家的最高荣誉。

《巴巴爸爸》是一部法国系列连环画，多达 30 多种语言版本。于 1975 被拍摄成 45 集 5 分钟的动画片后，至今在超过 40 个国家播放过。巴巴一家可以变成任何东西，巴巴爸爸遇到了巴巴妈妈，然后又生了七个孩子，各有爱好。"巴巴爸爸"在法语的意思是"爷爷的胡须"，而松软的像胡须的棉花糖也叫做"巴巴爸爸"。因为法国的棉花糖都是粉红色的，所以巴巴爸爸也是粉红色的；因为彩虹有 7 个颜色所以他们有 7 个孩子。《巴巴爸爸》以他的独创性和幽默感，为世界的大孩子和小孩子提供了快乐。巴巴爸爸一家的和睦、温馨、相亲相爱，永远温暖着全世界人们的心灵。

孩子们读了《巴巴爸爸》，都会喜欢上千变万化、本领超强的巴巴爸爸。男孩子们还喜欢爱运动的巴巴布拉伯，这是个有趣

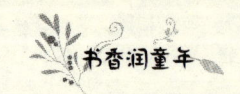

的体育爱好者。爱科学的孩子们也喜欢爱做实验的巴巴祖，巴巴祖是一个自然学家、动物学家、气象学家、环保学家，样样精通。爱看书的巴巴利波也很可爱啊，总是戴着一副眼镜，是一个知识分子，喜欢一头扎入书堆，知识丰富。女孩子们或许还更喜欢那个巴巴拉拉，一个喜欢音乐也喜欢动物和植物的女孩子，身边总带着一只小动物……这些小可爱们岂止孩子们喜欢，连我都喜欢了几十年。当年他们带给我多少遐想！《巴巴爸爸》的作者十分了解和体恤孩子们的心理，设计出形形色色的巴巴家族人物，让每个孩子都能找到自己的知音。

我第一次看《巴巴爸爸》动画片，清晰而深刻地记得那是1988年，是我家刚买第一台电视机不久。那是一台价值1070元人民币的进口日历牌14寸彩电。1988年的1070元是什么概念？那是我父母10个月的工资总额，为此我曾特地写了《1070的记忆》一文记录那个伟大的时代，2001年发表在北京盛极一时的《京华时报》。

在那个伟大的时代，我遇见了伟大的巴巴爸爸。那时候我那么喜欢巴巴爸爸。无所不能的巴巴爸爸简直就是我心中偶像。慷慨而知心的堂哥还特地送我一个巴巴爸爸不倒翁玩具，是我最喜欢的紫色，一直在床头陪伴我到高中毕业。

"可里可里可里，巴巴变"我曾一度听成"可以可以可以，巴巴变"，同学纠正我，我还执迷不悟，执拗地认为是巴巴爸爸在说"可以可以，我什么都可以变"，就像今天我们爱说的"一切皆有可能"。

电视播完了，怎么办？当时我就想，要是能看到巴巴爸爸的书就好了，不怕电视播完，书可以时时翻看！于是每次看电视，我就拿着纸和笔，零零碎碎地记录些故事情节下来，和同学们分享。在那个一书难求的年代，我们的渴望多么焦灼而幸福，我抄的电视笔记又是多么珍贵！

俊哥出生后，我童年时代的捧着《巴巴爸爸》书反复翻看的梦想终于实现了，我第一时间买了全套书。既是读给俊哥，也是温习我自己的童年时光。

俊哥特别喜欢那个故事《巴巴爸爸建新家》，巴巴爸爸一家有了七个宝宝后，旧房子已经住不下了，几经周折，巴巴爸爸决定搬离城市，在山坡上建起了一栋拥有8个房间且形状各异的大"别墅"。没想到城市拆迁队紧随其后，刚度过乔迁之喜的巴巴一家，就立即要面临挖掘机的挑战。俊哥最喜欢的场面开始了，拆迁队的挖掘机在巴巴爸爸的魔法面前土崩瓦解，不堪一击……每次看到这孩子就哈哈大笑，大快人心啊！

感谢永远的巴巴爸爸，给我们一代一代人的童年留下了永远的遐想与美好！

阅读小贴士

适合年龄：2—6岁

书名：《巴巴爸爸》

作者：（法）缇森，（法）泰勒

译者：谢逢蓓

和孩子一起直面《各种各样的害怕》

英国人写的"各种各样"系列丛书，包括了《各种各样的人》《各种各样的身体》《各种各样的感觉》《各种各样的害怕》《各种各样的房屋》《各种各样的交通工具》。本以为最喜欢汽车

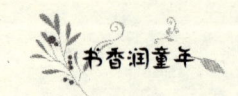

的俊哥一定最爱读交通工具那一本，没想到他最喜欢的居然是《各种各样的害怕》。

我们的教育是不是总爱告诉孩子"勇敢点，不用怕"，"怕什么怕，胆小鬼"，"还是男子汉吗，这都怕"……这是我们可怕的不允许害怕的文化！

可是，你不允许害怕，害怕就消失了吗？它只是藏起来了，被我们深深压抑在心底。可是，越压抑越害怕，永无释放之日，永无出口！

《各种各样的害怕》的可贵之处在于给了读者这样一个出口。

很好很直观很坦诚的一本书，推荐家长们和孩子一起阅读，直面我们内心的害怕，面对它解决它接纳它而非逃避和嘲笑这些害怕。

全书没有说教，只要坦诚的娓娓道来。开头就很接地气："有些人害怕蜘蛛，有些人害怕蜜蜂，有些人害怕蛇和老鼠。"说完具体的害怕，接着说抽象的："有些人害怕黑暗，有些人害怕打雷和闪电。"说完自然界再说人际学："有些人害怕没朋友，有些人害怕与众不同，有些人害怕被批评，有些人害怕太聪明……"

读到"有些人害怕与众不同"这句时，我立马心有戚戚焉。从小喜欢独来独往，不合群，不喜欢和女生们扎堆的我，这样的害怕一定是有的，只是随着年龄越长、读书越多，内心越来越强大罢了。可是这本小书，说出了我内心深处的东西，真的好贴心！心有戚戚之余，我快乐地笑出声来！仿佛瞬间与童年叛逆的自己达成和解，一笑泯恩仇！

继续读这本《各种各样的害怕》，善解人意的作者或许害怕前面例举的种种害怕还是不能穷尽世界各族人民的恐惧心理，所以干脆摆出个转盘来,让读者自己看看到底害怕什么。转盘上的选项形形色色,有"害怕尿床、害怕上厕所,害怕做恶梦"等等,看来作者是下定决心要让各色读者都能找到自己的害怕,生怕遗漏了什么,想得真周到啊!照顾到了各种千奇百怪的害怕!

一直隐身在幕后的作者终于站出来说话了:每个人都会害怕。感到害怕是正常的,是很自然的事情。有时候"害怕"也没有什么不对。你长大了,很多"害怕"就会消失。把你害怕的事情说给家人和朋友是有好处的……

多么温暖的一本书。比起生硬地说"不要怕",这本允许人害怕并且鼓励人把害怕说出来的书,真诚一百倍!

我和俊哥常常反复读这本《各种各样的害怕》。我们俩边读书边装模作样地害怕,然后哈哈大笑。此书薄薄几页纸,几乎道尽了我从小到大所有害怕过的东西!可是,当我看到我曾经或依旧的这些害怕被真真切切写出来,大大方方说出来时,我的害怕突然少了几分——因为,我终于知道,那么多人和我一样害怕啊!共情的力量如此之大!

至此,我理解了为什么最喜欢汽车的俊哥最喜欢的不是《各种各样的交通工具》而是《各种各样的害怕》。因为她给了孩子多大的呵护与共情啊!

阅读小贴士

适合年龄:2—6岁

书　名:《各种各样的害怕》

编译:荣信文化

《猜猜我有多爱你》教会孩子表达爱

尽管当下中国已算得上先进发达，但在表达情感方面真的还比较落后——那种为了含蓄而压抑，因为害羞而遮盖的落后。我倡导让孩子们大胆地表达情绪，这是正视自己内在的一个前提。今天来说说如何教会孩子表达爱，推荐一本书《猜猜我有多爱你》。

爱尔兰作家山姆·麦克布雷尼的《猜猜我有多爱你》，向我们描绘了小兔子要向大兔子表达自己有多爱她的一幕幕温馨画面。其中大胆的想象、充满爱的夸张、小兔子的童真让人忍俊不禁。书中把抽象的爱用具象的长度、高度来丈量——这时候谁爱谁多一些的结果已经不重要，兔子们表达爱的过程让读者感觉非常温暖和舒服，无形中也教会了孩子（也包括大人）怎么去表达爱，更重要的是提醒我们常常和身边人表达我们的爱：

栗色的小兔子想要去睡觉了，它紧紧地抓住栗色的大兔子的长耳朵，它要栗色的大兔子好好地听。它说："猜猜我有多爱你？""噢，我大概猜不出来。"栗色的大兔子说。"有这么多。"它伸开双臂，拼命往两边张。栗色的大兔子的手臂更长，它说："可是，我爱你有这么多。"嗯，是很多，栗色的小兔子想。

"我爱你，有我够到的那么高。"栗色的小兔子举起胳膊说。"我爱你，也有我够到的那么高。"大兔子也举起胳膊说。这太高了，栗色的小兔子想，我真希望我也有那样的胳膊。

然后，栗色的小兔子又有了一个好主意，它朝下倒立，把脚往树干上伸。它说："我爱你，一直到我的脚趾够到的地方。""我爱你，一直到你的脚趾够到的地方。"栗色的大兔子说，它把栗色的小兔子高高地抛到了它的头顶上。

"我爱你,有我跳得那么高。"栗色的小兔子哈哈大笑,它跳上又跳下。"可是我爱你,也有我跳得那么高。"栗色的大兔子微微地笑着,它跳得那么高,耳朵都碰到树枝上面了。跳得太高了,栗色的小兔子想,我真希望我也能跳那样高。

栗色的小兔子大叫:"我爱你,从这条小路一伸到河那边。""我爱你,过了那条河,再翻过那座山。"栗色的大兔子说。这实在太远了,栗色的小兔子想。它太困了,实在想不出什么来了。于是,它抬头朝高高的灌木丛上望去,一直望到一大片黑夜。没有什么东西能比天空更远了。"我爱你,一直到月亮那么高。"它说,然后闭上了眼睛。"噢,这真远,"栗色的大兔子说,"这非常远、非常远。"

栗色的大兔子把栗色的小兔子轻轻地放到了树叶铺成的床上,低下头来,亲亲它,祝它晚安。然后,它躺在小兔子的身边,小声地微笑着说:"我爱你,到月亮那么高,再——绕回来。"

……

这本可爱的《猜猜我有多爱你》,从俊哥一岁我们开始给他读,他喜欢反复听。总是要求我们"再讲一遍嘛,再讲一遍!"经典好书就是如此有魅力!小孩子都知道这是经典!我们就一遍一遍给他读,读着读着,那种深厚的亲情洋溢开来,飘荡在书房里。而今,俊哥已经上小学了,还很喜欢这本书,我想他会一直喜欢呢,就像我也一直喜欢这本书一样。

前几天的一个晚上,阅读时间俊哥自己在那看书,要把"猜猜我有多爱你"倒过来读,那就是"你爱多有我猜猜"。我们俩在那反复试着读对,很好玩。

5月20日，一早醒来第一句话，对俊哥说："我爱你！"俊哥马上回应："我爱你！"这是我们之间惯常的问候方式。然后，我问俊哥，今天是几号啊？

俊哥想了想，昨晚写学校布置的写话作业时，写的日期是5月19日，马上说："今天是5月20日啊！"我又问："520对吧，有啥特殊意义吗？"

俊哥的大眼睛快速转动起来，眸子更亮了："520，520……"

我适时提示他："每天早上醒来我们第一句话说什么啊？"

"我爱你！"俊哥大声说，"520是我爱你纪念日啊！"

我说："是啊，这天，提醒大家对爱着的人：爸爸妈妈，爷爷奶奶，姥爷姥姥，老师同学……说'我爱你'。当然，常常说，天天说更好啦！"

这天晚上的阅读时间，我和俊哥提议我们一起重温英国作家山姆·麦克布雷尼的《猜猜我有多爱你》，俊哥欣然答应。很快，他轻车熟路地从他的专属书柜里找出了这本可爱的《猜猜我有多爱你》，我们俩在沙发上相拥而坐，温馨地开始了今晚的阅读时光。

俊哥用他虽然稚嫩却充满男子气的语气开始了阅读，读得非常投入，非常深情，我深深地被感动了！他读完好一阵子，我还沉浸在听俊哥读书的美好里。直到俊哥叫我："妈妈，读完了！还想听一遍吗？"

我不假思索地说："想！"然后学着他小时候的口吻说，"再讲一遍嘛再讲一遍！"

俊哥笑了，然后真的就一本正经地又读了一遍，我和俊爸依旧认认真真、安安静静地听着。时光仿佛倒流了，回到俊哥两三岁的时候，回到我们给他读书的那些美丽的日子。现在，俊哥都会给我们读书了！而且也不厌其烦地给我们读了一遍又一遍。我的眼眶都湿润了，敏锐的俊哥马上发现了："妈妈你哭了！怎么啦？"

俊爸说："妈妈被俊哥的爱感动啦！不如我们来表演书里的故事吧！"

俊哥一听大喜，他可喜欢表演书里的故事了！他表演《阿里巴巴和四十大盗》的故事由我写成了文章，在《深圳青少年报》发表了，还配着俊哥包紫色头巾（是妈妈的干发帽）饰演阿里巴巴的彩色照片呢！报社寄来样报后，我给俊哥看，他看到包着紫色头巾的"阿里俊俊"，自己哈哈大笑！那一阵子，我们都叫他"阿里俊俊"！

今天，520日，我们仨表演起了《猜猜我有多爱你》里面的精彩情节。我们纷纷从自己衣柜找栗色衣服，又戴上我们到"老北京兔爷菜"吃饭时赠送的兔子耳朵，再把书里两只兔子猜爱的故事改编成三只兔子猜爱的故事，就这样开始了表演：

"猜猜我有多爱你？"小兔子俊哥问。

"噢，我大概猜不出来。"大兔子俊爸笑笑。

"是啊，我也猜不出来。"大兔子俊妈说。

"我爱你这么多。"小兔子拼命俊哥张开双臂。大兔子俊爸俊妈也张开双臂……

如此温馨的520之夜，感谢一本好书《猜猜我有多爱你》让我们仨一起向对方表达爱，一起享受对方给予我们的爱！

爱，是教育的底色！

阅读小贴士

适合年龄：2—6岁

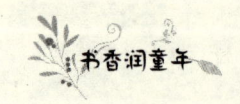

书名:《猜猜我有多爱你》

作者:(爱尔兰)山姆·麦克布雷尼

译者:梅子涵

《帕丁顿熊》: 感恩教育可以如此不动声色

周末带俊哥去看电影《帕丁顿熊》,我们俩同时爱上这只熊,第二天居然又跑去重复看了一遍。

英国的熊怎么就如此温柔、绅士、风度翩翩呢?和刚刚看完的《熊出没之雪岭熊风》一比,中国熊黯然失色。先说历史,这只熊陪伴英国孩子们,早在50年前就开始了;再说风度,帕丁顿绅士、友善,每次他摘下帽子行礼时,我都忘了他是一只熊!

电影《帕丁顿熊》里丝毫没有《熊出没》里的打打闹闹,而孩子们反而更被吸引——看电影的全过程,俊哥一直握着我的手,为这只熊的安危担忧,为他的命运紧张,又为他的胜利而兴奋!帕丁顿还穿上了姐姐的蓝色大衣,温情脉脉;见人问好彬彬有礼;提个行李箱有模有样。俊哥第一次见识英国熊,激动得差点想把暑假去美国的计划改成去英国,要去伦敦找一个名叫帕丁顿的车站和一只名叫帕丁顿的可爱熊!

看完电影出来,正好碰上《中国新闻周刊》英文版记者的采访。我和记者李佳聊了许久,从电影到教育,从动画片塑造的英国熊和中国熊的差异到儿童教育的细节及我所倡导的自然生长教育。俊哥则主动和还没看过这部电影的李佳阿姨介绍起了电影剧情。

俊哥呢,看过了电影《帕丁顿熊》之后,和我当年看了电视《巴巴爸爸》一样,有个共同的想法——要找帕丁顿熊的书,这样就能随时看到可爱的帕丁顿熊啦!

充满童趣、引人入胜的系列图书《小熊帕丁顿》是英国著名儿童作家迈克尔·邦德（Michael Bond）的作品。到了1967年，他已经创作了一系列小熊帕丁顿的故事书，小熊帕丁顿的形象在世界范围内取得了巨大成功。迈克尔·邦德因其在儿童文学领域的卓越贡献，他曾荣获英国女王颁发的 OBE 奖章（不列颠帝国勋章）。

《小熊帕丁顿·游记篇》讲述小熊帕丁顿奉婶婶之命漂洋过海，从秘鲁移民到了英国。在伦敦的帕丁顿车站，小熊迷了路。小家伙儿看着人潮，不知该去往何处，只好坐在车站的失物招领处旁边发呆。他的脖子上还挂着一个小牌子，上面写着"请照顾这只小熊，谢谢!"后来，善良的布朗一家人发现了这只天真可爱的小熊，便就着车站的名字帕丁顿为他取了个名，随后将他带回家收养——爱惹麻烦的小熊帕丁顿一系列冒险、有趣、温馨的故事就此拉开序幕。

俊哥敏锐地发现，书籍和电影的情节有出入，我告诉他这就是改编。许多书被改编成电影，也有动画片被改编成书的，比如《猫和老鼠》等等。文学艺术有小说、电影、戏剧等多种表现形式，不同形式之间可以互相转换，各有特色。

俊哥最喜欢的还是"狂欢节一日游"，我也喜欢其中不留痕迹的感恩方式。

《小熊帕丁顿狂欢节一日游》的故事讲的是，小熊帕丁顿从来没有参加过狂欢节，格鲁伯先生特意带他去运河狂欢节游玩。为了赢得两张运河游船的免费船票，帕丁顿和格鲁伯两个好朋友参加了小蜜蜂找单词之旅的活动。小熊帕丁顿很快就发现自己在找东西方面很拿手，他找到了很多以英文字母 B 开头的东西。

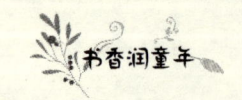

书里多次写道，帕丁顿找东西的时候，格鲁伯先生在一旁耐心等候，一点儿也不着急不催促。文末，帕丁顿熊感谢格鲁伯先生带他玩一天，但他的感谢方式很巧妙，不是赤裸裸说出来，而是用格鲁伯先生给他买的烟花——在放烟花的时候，小帕丁顿熊挥动手中的烟花，在空中写出了"谢谢你，格鲁伯先生，今天我玩得非常开心！"俊哥最钟情的细节也是这里。俊哥反复问我，用烟花怎么写这么多字啊！春节放烟花时我们就让俊哥试了试，在空中快速画啊画，能不能写出这么多字来。

最让我喜欢的是故事最后一句话："大家都很兴奋，但只有格鲁伯先生一个人，留意到帕丁顿到底写了些什么。不过，这就足够了，不是吗？"

说得多好啊！我非常欣赏作者以这样一种不露声色、不着痕迹的方式来表达帕丁顿熊的感谢，有一种含蓄的美，其实是对人的自尊心的尊重。孩子再小，也都有自尊心的——而且，孩子越小，这种自尊心可能越脆弱，"就像秋天草叶上露珠一样珍贵"。但我们一些老师和家长往往忽略或根本没有读懂孩子的这一点，常常当着孩子面，命令孩子打招呼、说谢谢——在这看似礼貌的表象之下，其实是以对孩子的不礼貌为代价的。

所以，我多么欣赏帕丁顿熊的美好的不留痕迹的教育！润物细无声。这种方式既尊重了被感谢者格鲁伯先生，同样也尊重了感谢者帕丁顿熊。这种人与人之间的平等和谐关系，在一只熊的身上都散发着人性的光芒，熠熠生辉！

我常常思考，孩子们为什么容易排斥一些爱说教、爱讲大道理的故事。孩子是精灵，其实他非常敏锐地知道什么是好书，什么是他灵魂深处喜欢的好书——就像我们对待孩子要蹲下来说话一样，这样的好书也是蹲下来和孩子们说话的，而不是站在那里居高临下地对孩子颐指气使。

我更愿意看到孩子们在日常的生活里,珍惜所得到的点点滴滴,感谢老师、家长为自己做的每一件小事,付出的每一份关心,而孩子们的感恩方式可以是贴在老师耳边悄悄说声"谢谢老师,您辛苦了",可以是无声地给妈妈一个拥抱,可以是和爸爸来一个击掌……总之是在平实的生活里时时事事心怀感恩,而不是在大操场"宣誓"感恩之后,回到家里依然衣来伸手饭来张口,对父母一脸冷漠。

所以,帕丁顿熊书里不留痕迹的感恩方式,我多么喜欢!所以,帕丁顿熊的故事,孩子多么爱看,反反复复百看不厌!所以,帕丁顿熊,一只可爱的小熊,让人们喜欢了五十多年!

阅读小贴士

适合年龄:3—6岁

书名:《小熊帕丁顿》

作者:(英)邦德

译者:谢芳群

《大红狗去旅行》 触及孩子内心的柔软

《大红狗克里弗》在美国家喻户晓,陪伴了好几代人的童年。讲述主人公女孩艾米丽·伊丽莎白和她的巨大宠物狗克里弗之间的一个个趣味故事。夸张的手法和大胆的想象力让成人都忍俊不禁,孩子更是喜欢得很。有些故事又很细腻,触及孩子内心的柔软。

2013年5月,《大红狗克里弗》系列在中国出版了。我在第一时间给俊哥买来了大红狗系列。俊哥可喜欢克里弗了,他最喜欢看克里弗由一只小狗摇身一变,成为一只巨大狗的一幕——仿佛就在一瞬间,大红狗长大了——像我们刚刚看的美国电影《超能陆战队》里的大白,充气变大似的。后来我们去美国旅行,逛超市时找到一款儿童牙刷,俊哥一看,牙刷柄上竟是大红狗图案,开心极了!天天睡前刷牙俊哥就找"我的大红狗"。

但是俊哥不喜欢《大红狗去旅行》这一篇。我问为什么啊。他说这一篇里有人拿鞋子砸大红狗,所以他不喜欢!我认真一看,原来是这样:暑假了,大红狗的小主人艾米莉·伊丽莎白和家人去旅行。因为克里弗太大了,没办法把他弄到车上去,走路去又太远。艾米莉就把克里弗寄存在邻居家。克里弗好孤单啊!他在夜里仰天长啸,呼唤小主人。被吵醒的邻居拿鞋子砸他——俊哥不喜欢看这一篇,就是因为不忍心看到克里弗被鞋子砸痛的画面。

俊哥说:"我好想把这一页撕了!"——孩子的心多么柔软!我深深地被感动了。虽然漂漂亮亮的书被撕掉一页我有点心疼,但我更心疼孩子,我更愿意呵护孩子内心的柔软!我慷慨同意俊哥把这一页撕了。往后,每次翻到这一页,我们会心照不宣地跳过去讲,直接讲到"克里弗被鞋子砸之后,毅然决然从邻居家出走,历经千辛万苦找到了主人,幸福地团聚!"这时候俊哥紧蹙的眉头才舒展开来。而这篇《大红狗去旅行》自然而然、恰到好处地触及了孩子内心最柔软的地方。

2013年7月,我们去青岛看海,同时看望好朋友,朋友的孩子和俊哥差不多大。给小朋友带什么礼物呢?俊哥说,就带大红狗吧!好极了!谁知道,当我们背着一套十册沉甸甸的书,坐了五小时高铁,到达朋友家把礼物拿出来时,小朋友眼前一亮:我也有一套一模一样的书！她蹦蹦跳跳去搬来了自己那一套！果然是好朋友，知音啊！连两个月前刚刚上市的书我们都能心有灵犀地买来给孩子读。于是，两个小朋友郑重地交换了这套书，虽是内容一样，却饱含友谊和爱书之情！

阅读小贴士

适合年龄：2—6岁

书名：《大红狗克里弗》

作者：（美）诺尔曼·伯德韦尔

译者：杜可名

连大人都爱看的《儿童好奇心大百科》

百科全书非常多，一般的这类书总是篇幅太长，知识太深，术语太多，孩子听几次听不懂，自己看更看不懂，就觉得索然无味，放弃了。我偶然读到一本韩国人写的《儿童好奇心大百科》，短小精悍，图文并茂，幽默风趣，推荐大家给孩子看看。

世界读书日这个周末去天津讲学，给幼儿园家长讲如何带孩子阅读。百来名家长听了讲学很有体会，散场后围着我提了很多有关儿童阅读的问题。直到我的回京高铁票快到发车时间了，我给家长留了电话赶紧拨开人群往车站跑。

安检后离发车还有十五分钟时间，我没有忘记一个多年的习惯：只要去外地出差或讲学或旅行，回京一定给俊哥带一个礼物。而这个礼物，一定是书！俊哥很享受这样的礼物，他把我外地带回给他的书放在一起，每本书扉页要求我写上了时间、地点和祝语。从西藏回京时，我在机场书店买了本《国家地理》，那

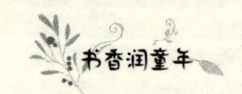

一期讲的正是青藏高原,俊哥看了非常感兴趣,那一阵子一直问有关高原反应之类的问题,我就给他说我们在高原上怎么个难受法。从西双版纳回京时,带回了一本《热带植物》,里面好多没见过也没听说过的奇形怪状的植物,俊哥大开眼界。那次我从敦煌回来,带了一本《沙漠的故事》,俊哥非常好奇,我们准备暑假带他去宁夏看沙漠去……

马上发车了,我没有时间细细选书,在火车站的书店里迅速浏览了一遍书架,一眼相中了这本韩国人写的《儿童好奇心大百科》。翻了几页,仅凭"语言通俗易懂,便于儿童理解"及"每个故事就两三百字"这两点,我觉得此书可以为孩子所喜欢和接受,买。

要谢谢俊哥给我养成每次从外地回京给他带书的习惯。出发时带来的书一般在路上看完了,给俊哥买了书,正好让我一路看回家去,不仅自己看得有趣,也相当于"备课"了:书中哪些地方怎么讲,需要注意什么,可以补充什么,应该回避什么……给孩子讲故事不是那么简单的哦,也是要用心备课的哦!

《儿童好奇心大百科》,真的太适合孩子看了!这本书篇幅简短,每个故事一两百字,就把一个问题说清楚了。还有大量图示来解释问题,通俗易懂。连我都看得爱不释手,高铁到站了还意犹未尽。

回到家已经有点晚了,俊哥还没睡,在等礼物,等书。我在扉页写上"读书日给俊哥最好的礼物:书",郑重地把礼物送给他。俊哥迫不及待地开始翻看,很快被一些内容吸引,什么《为什么有鼻屎》《为什么会做梦》《蜥蜴的尾巴为什么会断掉》等等。到睡觉时间了,俊哥坚持要讲完几个故事才睡。讲了一个又想听下一个,兴致勃勃,与以前看百科全书的状态完全不同。能把科学知识写得如此吸引孩子的就是好的科普书!

这本《儿童好奇心大百科》分为动物、人体、自然、生活四部分,都是和生活比较接近、孩子们比较感兴趣、常常问到的问题。比如动物部分的《动物也会"说话"吗》《猴子屁股为什么是红色的》《袋鼠的育儿袋有什么作用》等;人体部分的《洗完澡后手指为什么会皱皱的》《人为什么会流汗》《人为什么要吃饭》等;自然部分的《天空为什么是蓝色的》《太阳晚上去哪儿了》《月亮为什么一直跟着我》等;生活部分的《飞机为什么能在天上飞》《为什么肥皂能搓出泡沫》《苹果削皮后为什么会变色》……很多问题是俊哥以前问过我,我查书或上网搜了答案,转述给俊哥,但俊哥不是很满意。这一次,这本《儿童好奇心大百科》回答得言简意赅,文图并茂,俊哥看得很满意!

终于说服俊哥先睡觉,明天还要上课,明晚再一起看这本书。等俊哥睡了,我自己却悄悄地挑灯夜战,一口气读完了。真是妙趣横生!很多我从小时候开始疑惑的问题,今天突然在给孩子买的书里找到答案,兴奋而感慨:人类的好奇心是代代相传的,恰如本书序言所引用的法国作家、诺贝尔文学奖获得者法朗士所说的:"好奇心造就科学奖和诗人!"

牛顿因对苹果落地产生好奇心,激发他对万有引力的探索;瓦特对水壶冒出的水蒸气十分好奇,因此改良了蒸汽机;法布尔对昆虫产生了好奇,为人类留下了传世名著《昆虫记》……

亲爱的家长们,请珍惜孩子的好奇心吧!请用美好的自然科学书籍和到大自然里实地探索来满足孩子们的好奇心吧!

阅读小贴士

适合年龄:3—7岁

书名：《儿童好奇心大百科》

作者：（韩）崔香淑

译者：邵童欣

《狐狸树》 教你如何与孩子谈生死

孩子是天生的哲学家，很多孩子四五岁就开始思考关于人的生死的问题。周国平先生在他的《宝贝，宝贝》一书里写到他四岁的女儿经常问些"人从哪里来，到哪里去"的"高深"的哲学问题。一些家长问我，如何与孩子谈生死，如何向孩子解释死亡。要向孩子解释一个这么大的哲学命题确实有难度，这时候，故事一定有办法。

在众多的向孩子解释死亡这一自然现象的绘本里，我比较欣赏德国插画家和作家布丽塔·泰肯特拉普的这本《狐狸树》，她告诉我们：爱让生命不朽。

《狐狸树》是一篇温暖的童话。故事发生在白雪飘飘的森林，讲述了衰老的狐狸死去后，小动物们纷纷回忆起狐狸的好的故事：

从前，狐狸和朋友们生活在森林里。狐狸度过了愉快的一生，现在，他已经很老很老了，他累了。狐狸缓缓地走到那块他最喜欢的林中空地，最后看了一眼心爱的树林，慢慢俯下身子。他轻轻闭上双眼，深深吸了一口气；沉沉地睡去，再没有醒来。

周围的一切平静、安宁。

雪花缓缓飘落，像一块轻柔的毯子，渐渐盖住了狐狸。

森林里的小动物们都来了，大家纷纷回忆起狐狸的好来，回忆起狐狸关心帮助过自己的点点滴滴，回忆起和狐狸一起度过的快乐时光……就在暖暖的回忆中,就在狐狸睡去的地方,一棵橘红色的小苗悄无声息地发芽了。一开始,它小得几乎看不见,然而,就在那些回忆的滋养中,它越长越高,越长越壮。

……

家里有四五岁的小哲人一般、天使一般可爱又善于思考的孩子,当他一脸认真地要和爸爸妈妈谈论生死话题时,家长不妨拿出这本雪花一样纯净而轻盈的《狐狸树》,给孩子读,让孩子自己看,一遍一遍,孩子或许慢慢地就从书中找到了答案——即使没有找到答案,他已经在阅读本书的过程中感受了温暖与美好。

那年六一节在中国儿童中心参加童书博览会,回家路上俊哥突然问:"怎么没见到太公啊?"太公是俊爸的爷爷。

我们沉默了一会儿,告诉俊哥,太公已经去世了。

俊哥问:"那我们还能见到他吗?"

我告诉俊哥:"虽然见不到了,但我们会常常想念太公的。你记得吗,春节回家,一进家门我就带你去看太公的相片。我们会记得太公的好!太公的爱!"

于是,我给俊哥讲起了《狐狸树》的故事。

讲完《狐狸树》的故事,我们就一同回忆起太公来:爷爷说,他小时候太公对他可严厉了,不好好读书会挨打;奶奶说,太公是犁田的好手,八十岁还去犁田,身体可好了;俊爸说,他小时候都和太公睡,南方冬天的夜晚非常寒冷,太公就给俊爸搓脚搓得热乎再睡;俊妈说,太公很慈祥,每年春节给他买礼物他都很高兴,乐呵呵收下还说"以后别为我花钱";俊哥说,回老家过年时,每天早上太公给他煮个鸡蛋,放在衣兜里暖着,等俊哥一起床就给他吃……

大家说着说着,刚才稍显凝重的气氛缓和些了,每一个人沉

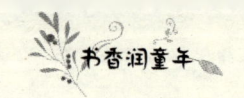

浸在对太公的美好回忆中。一本《狐狸树》就有这样的魅力!

　　车子继续行走在回家的路上,刚才是集体回忆太公,现在我只能默默回忆我的英年早逝的父亲。想起小时候,晚上,父亲带我去散步,去串门;睡前都是父亲给我讲故事,讲《伊索寓言》,我至今还记得其中的篇目;中学晚自习回家,我的被窝里,正好是我的脚的位置上,一定藏着父亲放好的一个热水袋,那个温暖,让我至今想起还落泪;那时候我爱看书,父亲从不多的工资里拿出一部分作为我的雷打不动的书费,他郑重称之为"智力投资经费",年年给我订阅《读者》《少年文艺》《儿童文学》,这些都是我的文学梦的最初的沃土;每个周日上午,我和父亲的保留节目是手拉手,一人提着个菜篮子,一起去买菜……想着想着我泪如泉涌。

　　那年父亲节我们带俊哥游武汉黄鹤楼,望着滔滔长江水,我深情地写下《黄鹤楼念父》一诗:

　　　　烟雨蒙蒙黄鹤楼,
　　　　念我先父情悠悠。
　　　　黄鹤西去梦里还,
　　　　恩重如山颂千秋。
　　　　长江后浪念前浪,
　　　　青出于蓝常忆蓝。
　　　　放开眼界天地宽,
　　　　父爱永在源远长。

　　是的,正如《狐狸树》所传递的:逝去的亲人在每个亲友的心头延续着自己的生命,是爱让记忆永存,是爱让生命不朽。

第二天，班里的"精彩三分钟故事"正好轮到俊哥讲故事，没想到俊哥就讲了《狐狸树》的故事。我从老师发回来的俊哥讲故事的视频里看到，班里同学都听得很认真，一个瘦瘦小小的女孩子竟在抹眼泪。俊哥只听我讲一遍，居然能把故事复述下来。讲完故事还让小朋友点评，有个小朋友说："故事很感人"，还有个小朋友说："以前我听过的有关狐狸的故事，都说狐狸是坏的；你这个故事，怎么说狐狸是好的啊！"俊哥说："狐狸也有好的啊！《狐狸树》里的狐狸爷爷就是好的！"可爱的孩子，可爱的对话！

人生的河流滚滚向前，唯有爱永存、不朽！

阅读小贴士

适合年龄：5—7岁

书名：《狐狸树》

作者：（德）布丽塔·泰肯特拉普

译者：孙莉莉

《猫和老鼠》：每个男孩子都爱恶作剧

男孩子的生长过程中，需要幽默需要搞怪需要一些无伤大雅的恶作剧，那是男生的智慧与灵动。现在有些妈妈不了解男孩的生理特点和心理需求，一边把男孩子们管得太严，失去了男孩儿的天性，男孩稍稍恶作剧就被大声呵斥；一边又抱怨学校男老师太少，阴盛阳衰，不利于男孩子成长……教育，80%在家庭。妈妈太强势，孩子就弱势。让男孩子们从好书中学习智慧、幽默，多么好的男孩教育方式！

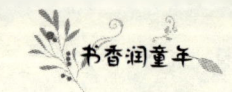

《猫和老鼠》书中聪明鼠与笨猫的故事，充满了形形色色的恶作剧和幽默，全是这两个邻居之间的日常琐事和纷争，一会儿小老鼠杰里偷吃了大猫汤姆的奶酪，一会儿汤姆又把捕鼠器放到了杰里的家门口；汤姆的女朋友来了，杰里故意搞破坏；杰里帮助狮子莱奥偷吃汤姆的食物……猫与鼠互相捉弄，绞尽脑汁，互不相让。虽然如此，他们也会化敌为友，亲如兄弟，一点儿也不记仇。

就是这样琐碎的生活、搞怪的情节、轻松的关系让孩子们喜欢得不得了，尤其是男孩子们，平时一起玩儿时或读书会上说起《猫和老鼠》，一定有说不完的话题，滔滔不绝；有笑不完的逗乐，男孩子们兴奋不已，还模仿起书中的情节、动作，展开一场猫鼠大战。

俊哥第一次读《猫和老鼠》，是他三岁时我带他去厦门玩，俊哥自己带的书已经看完了，韬韬哥哥就把自己小时候看的一本《猫和老鼠》送给了俊哥。那时候俊哥很爱模仿书里的话说："我拿一个扫把，把你扫飞，给你来次免费旅行"。这么多年了，俊哥还珍藏着那本封皮已经泛黄的书。在厦门度假的日子，姥姥就给俊哥读这本书，祖孙俩乐得哈哈大笑，我及时拍下这个美妙的情景。

从第一次接触《猫和老鼠》，俊哥就喜欢上了这套世界经典，常常自己在那看得捧腹大笑。我们给他买了全套的书，注意，是书而不是碟。看碟之后，孩子们往往不再读书——而书的想象空间往往比动画片要大得多。所以，我们要十分珍惜孩子的想象力，要十分注意呵护他们对书的爱不要随随便便就被动画片取代了。

俊哥喜欢把这套书的各本一一排开，铺在床上，就像看着自己珍藏的宝贝一样如数家珍。然后呢，他"允许"我们每人选一本自己喜欢的书，安排我们坐在床上一起品读那些妙趣横生的猫鼠斗的故事——那是我们一家人幸福的共度时光。慢慢长大了，俊哥还是那么爱听我们给他讲《猫和老鼠》，一本讲下来，数十次开怀大笑。孩子总是那么简单，那么容易满足，那么容易入境！我们也被感染了，也乐起来，跟着他一起哈哈大笑，忘记了生活的烦恼、工作的琐碎。一家子沉浸在阅读的乐趣里，不亦乐乎！这个状态，真好！这些年，俊哥把这套书的每一本里的每一个故事都读了好多遍了，还是乐此不疲！好书就是有这种让人百读不厌的魅力！

俊哥特别喜欢的篇目有《黑老鼠魔咒》《汤姆钓鱼记》《争风吃醋》等，这几篇他反反复复看了无数遍，居然每一遍都能如第一遍般笑得前仰后合，阅读的幸福感强得不得了！

虽然《猫和老鼠》充满恶作剧，但全书却时时不忘对孩子进行善良教育——最让我欣赏的是，这种道德教育从不说教，在书中无痕迹地呈现，真情流露，让小读者心领神会，让大读者我都觉得非常舒服！比如《狮子莱奥》这篇，马戏团的一只狮子莱奥不堪忍受游客的大喊大叫，从马戏团逃了出来。他希望遇到一个可以帮助他回到非洲的人——比狮子小不知多少倍的老鼠杰里居然成了狮子的恩人！他克服困难（汤姆的追打）给莱奥找食物吃，又想方设法把他送上开往非洲的船。大大的狮子对着小小的杰里流下了眼泪："我一到非洲就给你写信！"看到这，我和俊哥都笑了！

每个男孩子都爱恶作剧，只是恶作剧而已，也只是男孩子生长过程中的某个阶段而已。除了喜欢恶作剧，男孩子们还有个共同的梦想——英雄梦。别小看他们的梦，多少改变世界的大发

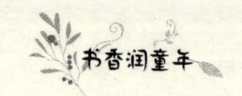

明、推动人类进步的大动作,就萌芽于当年那些不起眼的小梦想。做这些英雄梦,是不知天高地厚的男孩子们最热衷的事情。英雄梦伴随着他们整个童年。

《猫和老鼠》之《超级英雄》,是俊哥最喜欢的篇目之一。里面的"拯救人类""除恶扬善"圆了多少男孩子的警察梦;外星人、UFO是男孩子们常常做的太空梦。故事说的是老鼠杰里意外获得一件外星人赠送的"超级盔甲",穿上盔甲杰里就成了"超级英雄",拥有超级能量。杰里跑得比赛车还快,还能浮在半空中,还会飞……俊哥兴奋极了,他的赛车梦、飞行梦在一个故事里全都实现了!

一听说市糖果厂的糖果被抢劫,暴徒扬言要吃光所有糖果,英雄杰里的正义感、责任感被大大激发:"我有一种强烈的感觉,我必须马上赶去救援!"果然,超级老鼠成功抓获歹徒,还被登报表扬,杰里心中充满英雄的幸福感!小读者们,尤其是男孩子们,仿佛自己就是那个英雄老鼠!

《魔力土豆汁》也是个典型的英雄梦故事。"你想和我一样最强壮吗?喝了上尉魔力土豆汁,就能实现你的梦想!"这是上尉魔力土豆汁的广告。杰里马上邮购(在《猫和老鼠》诞生的1939年,还只有邮购,没有网购)了一瓶。作者非常贴心地写出了小朋友的心理,在追逐英雄梦时也不忘对口味的挑剔:"广告上说有很多口味,我订的是草莓味的!"俊哥平常最喜欢的也是草莓口味,看到这简直觉得杰里就是知音!

上尉魔力土豆汁很快邮寄到了杰里家,杰里豪迈地一饮而尽。喝完马上就觉得肌肉强健起来,瞬间力大无比。检验土豆汁效果的第一个实验品肯定是大猫汤姆,杰里狠狠地把汤姆揍了一顿,一解心头之恨。如果只是为了给自己复仇,这样的英雄梦显得有些狭隘。杰里可是胸怀大志的英雄,他走出家门去惩恶扬善,路见不平拔刀相助!他救了被坏猫抓住的小老鼠朋友,于是找他帮忙的伙伴接踵而来。平时欺负杰里的汤姆这下成了杰里的秘书、仆人,负责接待"来访群众"并登记求助事项。英雄杰里好忙啊,有好多事情需要他去解决,有好多弱者需要他去解救……男孩子们的英雄梦在这个故事里得到巨大膨胀与满足。

和孩子一起读《猫和老鼠》吧!珍视他们的每一个梦想,正是这些梦想改变了,并且正在改变着我们的世界!

阅读小贴士

适合年龄:3—12岁

书名:《猫和老鼠》

作者:(美)威廉·汉纳、约瑟夫·巴伯拉

译者:江鸣

《奇先生妙小姐》: 世界真奇妙,多元而包容

《奇先生妙小姐》来自英国,畅销欧美30多年,风靡80多个国家,销量超过一亿册。英国曾列出"21世纪前十年畅销作品"第一名是《哈利波特》系列,第二名就是这套《奇先生妙小姐》。书中的人物造型,简单有趣,夸张诙谐。作者塑造80来个不同造型,性格各异。绘本轻薄短小,让孩子好拿好翻。我们经常随身携带,带俊哥走到哪,读到哪,看到哪,笑到哪。我们常常在旅行途中带着这套书,候机候车等地铁的时间都可以阅读,随时体会阅读的乐趣。

一套书能风靡80多个国家,深受不同肤色语言的孩子们喜

欢，必有其原因。我和孩子喜欢书中简捷的文字，明丽的文风；我们喜欢书中漫画那简单的线条，夸张的形状还有到位的细节——一滴泪，一个蹙眉，都牵动人心。没有说教，没有唠叨，善恶美丑自有分辨。80来个人物，形形色色跃然纸上，栩栩如生。我们看到世界的多样化，看到别人与自己的不同，我们尊重这种不同！

光看看《奇先生妙小姐》里的题目，就眼前一亮！什么《小小先生》和《袖珍小姐》，什么《傲慢先生》和《霸道小姐》，什么《荒唐先生》和《淘气小姐》，还有颠三倒四的《颠倒先生》，说话都要重复两遍的《双胞胎小姐》，还有势不两立的《邋遢先生》和《整洁小姐》，还有《阳光小姐》和《白雪先生》，喷嚏不停的《喷嚏先生》，还有好玩的《莽撞先生》《帮倒忙小姐》《挠痒痒先生》……

《奇先生妙小姐》这套书，是上次在家门口看到俊哥同学小飞在看，觉得不错，拍照下来存在手机里。当时看了书的大致内容，觉得俊哥还小一些，小飞比他大9个月呢，可能俊哥要过半年才能比较适合读这套书，于是用手机飞信做了提醒。半年后，那天收到飞信提醒，我们马上给俊哥买了这套书。

俊哥特别喜欢颠倒先生、乐观小姐，这两本反反复复讲，还活学活用。那天叫俊哥吃饭，他说他很饿。我说你很饿快吃啊，他说我他是颠倒先生，他其实在幼儿园吃饱了！我恍然大悟！那一年中秋节假期去哈尔滨玩，第一天细雨霏霏，天气阴冷，中秋节之夜也看不到月亮，甚是失落。俊哥说："我是乐观小姐！明天一定出太阳！"我一听大喜！俊哥有这心态，极好！果然，第二天，阳光明媚，我们在太阳岛上高歌《我们来到了太阳岛上》，那个酣畅淋漓啊，不经历前一天的阴霾，又如何深切地体会到太阳的美好？谢谢这套书让俊哥知道了乐观小姐！

俊哥还喜欢隐形先生，隐形先生捏一下喜欢恶作剧的淘气小姐又藏起来——隐形了。淘气小姐被如此惩罚几次，再也不淘气了。俊哥喜欢带着我们反复表演《隐形先生》中的情节。他当隐形先生，我演淘气小姐，俊爸只能演受淘气小姐捉弄的受气包……欢声笑语荡漾在书房。

家长们，给孩子看看这套《奇先生妙小姐》吧，其实每个人都能在其中找到自己的影子，得到一些共鸣；也能从中看到身边亲人朋友的样子，然后多一些理解和包容。

阅读小贴士

适合年龄：5—8岁

书名：《奇先生妙小姐》

作者：（英）罗杰·哈格里夫斯

译者：荣信文化

为什么孩子喜欢《开明国语课本》

《开明国语课本》的主编叶圣陶先生在书的封底这样写道："给孩子们编写语文课本，当然要着眼于培养他们的阅读能力和写作能力，因而教材必须符合语文训练的规律和程序。但是这还不够。小学生既是儿童，他们的语文课本必是儿童文学，才能引起他们的兴趣，使他们乐于阅读，从而发展他们多方面的智慧。"

是啊，如今的语文教材有多少真正考虑到了孩子的兴趣呢？有多少是以"使孩子乐于阅读"为出发点呢？

我特别欣赏叶圣陶先生这句话："小学生既是儿童，他们的

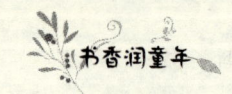

语文课本必是儿童文学,才能引起他们的兴趣,使他们乐于阅读。"主编眼里有学生有儿童,儿童眼里才会有课本,才会有阅读兴趣。兴趣何其重要!兴趣怎么来的?因为主编尊重孩子,课本从孩子们的生活中来,从孩子们的语言里来!

孩子为什么喜欢这样的课文?因为课文说出来的是孩子的语言、孩子的想法、孩子的心声。

比如《小猫姓什么》这一篇。

"小猫姓什么,你知道吗?"

"小猫姓小。"

"怎么知道他姓小?"

"大家叫他小白小白,他不是姓小吗?"

"不对,不对。小白两个字是他的名字。"

"那么他姓什么?"

"我也不知道。"

寥寥数语,几组对话,童趣跃然纸上,仿佛见到两个天真的孩子,在我面前展开一组关于猫姓的对话,令人忍俊不禁!

"小猫姓什么啊",这问题俊哥也问过我。孩子曾经问过的问题,居然在听上去似乎会很严肃的课文里读到,他莞尔一笑。我也笑了!我笑课文在"我也不知道"这句戛然而止,恰到好处。谢天谢地,好在没有启发孩子们"深入思考"猫姓之问。留白的美好,浅显的美好,童真的美好!

好的课文让人越读越有兴致,比如《出家门》:

"出家门,到巷口,遇见几个小朋友。

小朋友,手拉手,我们一起走。

我们对着太阳走,长长的影子在后头。"

这是俊哥上学路上常常遇到的情形:路遇同学,高兴地大声叫着同学名字,手拉手一起走,开开心心上学去。

孩子们喜欢这样的课文,写的就是自己身上发生的熟悉的事情,多么亲切真切!

俊哥现在的语文课本,有些文章我也是欣赏的,比如《影子》这篇:

"影子在前,影子在后,影子常常跟着我,就像一条小黑狗。

"影子在左,影子在右,影子常常陪着我,它是我的好朋友。"

不仅读来朗朗上口,简短有趣,而且贴近孩子们的生活和兴趣。很多孩子,对踩影子游戏乐此不疲。俊哥就是,从很小开始,晚上出去散步喜欢和我们玩踩影子,周末到公园也喜欢玩踩影子。那天在顺义度周末,晚上散步,路灯下我们的影子不断变化,一会儿在前一会儿在后,一会儿变大,一会儿变小。路过一个灯柱,有一左一右两个灯的,影子就变成了两个。我们玩起了踩影子游戏,还探讨影子为何一会儿在前一会儿在后,不亦乐乎。

再如《阳光》这篇,有句话"阳光比金子还宝贵,阳光谁也拿不走"。这虽然富含哲理深度,但又让孩子们容易理解。在寒冷的冬天,周末只要有太阳,我们一定带俊哥到公园晒太阳。北方冬日的白天特别短,阳光暖和的时间也很有限,太阳似乎下午三点就开始落山了。没有阳光,我们在户外就觉得好冷,就只能到室内待着了,这时候,喜欢户外活动的俊哥真真切切地感受到了"阳光比金子还宝贵"。

但是,现在的课本里大部分文章篇幅偏长,对于刚刚上小学的孩子而言是有难度的。生字难度也大,一年级就要写"春""看""真"这些复杂的字,还处于感性思维阶段的孩子是难于分辨这些字的框里到底是一横（如"春"字里的"日"字）、两横（如"看"字里的"目"字），还是三横（如"真"字里的"具"字）。对于初学者，课文尽量简单、短小，是对孩子学习兴趣的呵护！

还有些文章我不喜欢，俊哥也不喜欢，他明显表示出不理解。如《欢迎台湾小朋友》一文，说台湾小朋友和我握着手，话儿说不完——这句话让我纳闷很久：两个小朋友可能握着手说话吗？这是孩子吗？他们俩一起踢足球我更相信些。

俊哥和我都很喜欢《开明国语课本》，俊哥喜欢那里面儿童自己的语言和想法。我喜欢那里面浓郁的儿童生活气息和与受教育者的平等对话，对儿童的充分尊重、用心读懂和真诚关怀。

昨晚边泡脚边和俊哥一起读《开明国语课本》第一册。因为课文不长，生字量不大，很快就读完了。读完了意犹未尽，我们又一篇篇反复把玩，俊哥觉得很好玩，我也觉得很有趣。全过程我们哈哈大笑好多次——这在读现在的课本时是较少见的。

末了，来读读叶圣陶之子叶至善先生于 2004 年所写《老开明国文课本始末》，我很喜欢这段话，道出了孩子们喜欢这套课本的心声，特此分享给读者：

"父亲和丰先生编这十二册课本的时候，我已经进初中了；七十年前的琐事，我还能想起一些来。父亲写的课文，尤其是歌谣，有些我还能背诵；丰先生绘的插图，我还记得一些轮廓。初小第一册第一课只两行：一行是"先生早！"孩子们的口吻；一行是"小朋友早！"老师的口吻。两句话都很短，初学的听一遍就会；七个字中有一个是重复的，论生字只有六个，笔画都不多，间架又清楚，容易认，比着写也方便。把这两句放在第一册开头,似乎还有些讲究。开学那天,初小一年级生是头一回跨进学校,觉得什么都既新鲜又陌生。见着老师,他们上前去鞠了躬,问了好;老师微笑着欢迎他们。等到上国语,老师发下课本,他们翻开一看,方才那温馨的一刹那原来已经写上课本了,还有像快照似的插图哩。插图上画着校园的一角,叶绿花红的美人蕉开得正盛,正是初秋时节。教课的老师如果善于启发,定能使孩子们感到学习的快活,逐渐养成观察和思考的好习惯……"

是啊,"先生早!""小朋友早!"教育原来如此美好!课文可以如此美好!

阅读小贴士

适合年龄:6—10 岁

书名:《开明国语课本》

作者:叶圣陶

《荒岛历险》让孩子爱上数学

家长来咨询我,她的女儿小学二年级,不喜欢数学课,数学成绩上不去,问我怎么办。

我深深理解这位家长的困惑,更理解这个女孩的痛苦。小时候我也是个数学不好的学生,可惜那时候没有读到李毓佩教授的数学童话故事书,不然我也许会迷上数学的。

所以,我毫不犹豫地向这位家长推荐了李毓佩教授的《荒岛历险》一书。这位家长将信将疑地回去了,似乎对这件事还是不太有把握。

　　几个月后,这位家长又来了。我当然不指望她会告诉我她女儿爱上了数学,成绩一跃而起——我从来就不相信教育方面有如此立竿见影的事,我只相信细水长流。果然,这位家长说孩子的数学成绩没有明显变化,但是对数学课的态度改变了。而改变正是缘于她读了《荒岛历险》以及其他几本李毓佩教授的数学童话故事书,现在慢慢开始对数学有兴趣了。我说真好,继续坚持读吧,循序渐进地来,相信孩子慢慢会在数学学习上找到自己的感觉和节奏。这位家长深以为然,这次是信心满满地回去了。

　　真好,真感谢李毓佩教授的数学童话故事书,他真的改变了很多孩子对数学的态度。李毓佩是我国著名科普作家。他十分擅长用少年儿童喜闻乐见的童话、故事形式,将抽象、枯燥的数学知识讲得深入浅出,情趣盎然,使读者在有趣的故事中接触数学,并从此喜欢上数学。著名作家叶永烈这样高度评价他:"李毓佩数学故事文笔生动,幽默风趣,特色鲜明,在国内独此一家,别无分号"。著名评论家解玺璋则说:"我在青少年时期是很少有故事看的,看了李毓佩教授的数学故事,真为生活在今天的孩子感到庆幸。我甚至这样想,如果我的童年生活中也有李毓佩数学童话故事在,我也许会迷上数学的。"同为科普作家的郑延慧则这样专业赞赏他:"在科学与文学的结合方面,李毓佩的作品区别于常见的科学童话,是他独树一帜的创作。他的作品充满了勇敢精神,对付各种场面的智慧,具有一种阳刚之气。"这个阳刚之气我很喜欢,这对男孩子女孩子都很有益处,不仅仅在数学学习方面。

　　不仅孩子们,连我自己都很喜欢读《荒岛历险》。少年时期对数学的畏惧、排斥终于释然,似乎第一次感受到数学的魅力。

难怪李先生说,"就是要展现数学有趣的一面,让孩子们爱上数学。数学本身并不枯燥,为什么教给孩子的时候,要把它变得那么让人生畏呢?"很多孩子读了他的书,实现了从怕数学到爱数学的转变。更多孩子读了他的书,从爱数学上升到更喜欢数学、更着迷于数学,就像我家俊哥,他本来就对数学很感兴趣,读了李毓佩教授的数学童话故事书之后,更喜欢数学了。

希望孩子们早日发现数学的魅力!

阅读小贴士

适合年龄:6—12岁

书名:《荒岛历险》

作者:李毓佩

为什么大人孩子都爱看《窗边的小豆豆》

《窗边的小豆豆》一书所描写的校园生活,可以说是教育界的一个神话——说它是个神话,实在是心里有点酸楚的,因为这样的学校这样的校长在现实中似乎很难遇到。多少教育人一直坚持教育理想,在追求这样一个神话的落地。

我发自内心地喜欢这本书。只是没想到,一本《窗边的小豆豆》陪我们出国回国、南下北上,行程几万里,真是"读一卷书行万里路"了!

《窗边的小豆豆》这本书,在俊哥刚刚出生时我就买了,非常喜欢!书中对孩子的心理、语言、行为的一些描述,虽然跨越国界、跨越半个多世纪,时间空间上都隔了挺远,却一点儿也不让人觉得陈旧和陌生,反而常常引起我的共鸣。我读着读着,莞尔一笑,想起自己的童年。

比如,看到高年级姐姐穿灯笼裤,小豆豆也想穿。特别让我回想自己小时候可羡慕大姐姐们穿半身裙,而自己只能穿连衣裙的那段时光。大人笑我:"你还小哦,都没有腰身,穿什么半身裙啊!"我就想,快快长啊,长出腰身来,就可以和大姐姐们一样穿半身裙啦!

再如,小豆豆捡到银币那一段,紧张而反复的心理过程,真是和我们小时候捡到一分钱的心情一模一样啊!

由此,我自己得出一个简单得只需一句话的结论:什么是好书?那就是她真实地记录了作为一个人的真实想法和做法——而这种真实,不受地域、时间、种族、文化的影响,因为人性都是相通的。

再深想:什么是好的童书?那就是她真实地实地记录了作为一个孩子的真实想法和做法——而这种真实,同样也不受地域、时间、种族、文化的影响,因为孩子的天性都是相通的。在此基础上,更可贵的是,孩子毫不掩饰,真情流露,无拘无束……

我终于可以回答俊哥反复问我的问题:"妈妈,为什么这么多人喜欢看《窗边的小豆豆》?"

我曾经简要回答:"写得好。"

俊哥比他妈还刨根问底:"好在哪里?"

我有点烦:"因为她把小豆豆写得很可爱啊!"

俊哥锲而不舍:"俊哥也很可爱啊,那怎么你写俊哥的书没有被翻译成多种文字?"

我不烦了,谦卑起来:"俊妈还要继续努力!"

现在我想告诉俊哥的就是"真实"和"尊重"两个词,真实再现孩子的想法、做法的前提,是建立在尊重孩子的基础上的。

唯有尊重孩子,才能如此珍视孩子的一言一行、一举一动并记录下来;

唯有尊重孩子,才能对孩子的言行一点儿也不加掩饰和修饰地记录下来;

唯有尊重孩子,才能让我们无数次地被小豆豆的小林校长所感动!他对孩子十分的尊重与平等、呵护,多少次感动了我!

多好的校长!多好的《窗边的小豆豆》,终于明白本书为何受到如此大的欢迎,因为巴学园有一位如此尊重孩子、爱孩子的小林校长。难怪《窗边的小豆豆》1981年出版之后,不仅在日本,在全球都引起了极大的反响,成为日本历史上销量最大的一本书。以下这几段书评也是我非常赞赏的:

此书令人惊讶地证明了童年是永恒的,是超越时空的,是有独特价值的。实际上,黑柳彻子对童年的发现与证明,不亚于爱因斯坦发现相对论。——孙云晓(著名教育专家)

如果把《窗前的小豆豆》作为一面镜子,就会发现我们今天家庭和学校教育遇到所有困惑和痛苦的根源,也会发现我们成人自身的问题。——徐国静(著名教育专家)

不仅是适合小孩子们阅读的优美的儿童小说和成长故事,同时也是写给全天下的父母亲、教师和教育工作者们的"教育诗"。——徐鲁(著名儿童文学作家)

……

所以,如此好的一本书,入选了我们这个春节的"行万里路随身携带书单"。此次行程前后20天左右,要出国、回国,要南下、北上,要搭乘飞机、火车、大巴、轮船各种交通工具,要从温带到热带再到亚热带。我们仨的衣服就有满满两个行李箱。所以我限定俊哥只能带一本书,我们每人也只能带一本书。带一本

文字量大，够看20天的书，俊哥自己选了《窗边的小豆豆》。我喜出望外——这等于给我多带一本书啊！我是有私心的，我也只能带一本书，但俊哥带了一本我也能看的，真是运气了！

在北京飞新加坡的飞机上，在老家福建长汀回北京的火车上，在马六甲到吉隆坡的大巴车上，甚至在沙滩上，在各个酒店的泳池旁，小豆豆与我们形影不离，相依相伴。俊爸给俊哥读书，我就在一旁一起听，一边构思着自己的教育随笔，一边感受着可爱的小豆豆带来的童年气息。

那天下午，我们先到新加坡的金沙酒店顶层，53层，鸟瞰新加坡全景。非常美！然后坐车两小时车，地铁倒公交车，才到动物园。游览完夜间动物园回来的路上已经十点多了。我看俊哥也很困了，靠在我身上，想睡又不想睡的样子。我抱起俊哥，对他说："快睡吧，太晚了！"

没想到，俊哥说："不行，我还要回到酒店等你们给我讲睡前故事《窗边的小豆豆》。"

我深深地被打动了！

俊哥从小爱听故事，讲完一个老要求"加量不加价"，央求我们"再讲一个吧，就一个"，有时候还装撒娇"求求你啦！"在其他事情上，我们是不允许他"得寸进尺"的，一般情况下他也很有规则感。但在讲故事这件事上，我们破例了，常常心慈手软，给他加了一个又一个。后来为了保证俊哥的睡眠，只好不按故事的个数这种"计量方式"，采取"计时法"，严格约定睡觉时间，到了时间就真的不讲了。但是这次在新加坡，回到酒店已经十一点多了，我们还是兴致勃勃地打开《窗边的小豆豆》，开始了幸福的夜生活——精神生活。

读书就是如此美好！

阅读小贴士

适合年龄：6—10岁

书名：《窗边的小豆豆》

作者：（日）黑柳彻子

译者：赵玉皎

《穿越时空》带孩子轻松遨游科学世界

包祥老师千里迢迢给俊哥寄来的一套12本《穿越时空》科学绘本，俊哥喜出望外，爱不释手，让我给他读了一晚上还意犹未尽！

这套科学书和平时读到的不同，单从封面看书的宽幅就能感受到气势恢宏；打开书页，跨页的大图跃然眼前，一目了然；每页文字不多，但能画龙点睛地把一件事情的来龙去脉说得明明白白；时间概念非常清晰，从"公元前"到"今天"的线索标注在书页两侧，年表索引一清二楚；每本书最后还有"词汇表"，把本书里出现的专业词汇做个简单解释，帮助小朋友们理解书中内容。这套书不仅是给小朋友看的，大人也很合适！一些科普知识连我都是第一次读到，惭愧之余很惊喜，谢谢包老师寄来一套与众不同的科普书，和我们平时读到的不仅视角不同，而且风格迥异！如获至宝！大开眼界！

打开这套书，先看看每本书的题目已被深深吸引：讲述自然现象的《火山惊魂》《地震之灾》；讲述古代文明的《金字塔记》《玛雅迷城》；讲述社会文化演变的《城堡风云》《城市故事》，以及讲述沉船之谜的《沉船探秘》、讲述交通历史的《交通演变》、讲述太空探险的《火星之旅》、讲述人类起源的《人类始祖》和恐龙的故事《恐龙世纪》。

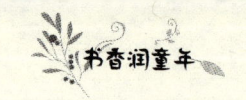

每本书讲述了一个主题,从这个主题出现的最早时期开始讲起,沿着历史的纵向发展脉络,将各个重要发展时期通过图画串联起来,展现给读者。这是套内涵丰富、匠心独运的图书,平时孩子们关于科学的各种提问,关于金字塔之谜,关于恐龙的奥秘,关于火星的探险……在这套书里得到了详尽的解释,找到了满意的答案。

打开其中一本《沉船探秘》,看那些跨页的绘图:17世纪30年代西班牙木匠打造的航海巨船映入眼帘,可以清晰地看到造船的每一个工序——木钉匠、填塞匠、模具间、锯木坑等;一年后,船造好了,可以看到新船的每一个功能分区:船长室、加农炮、储备仓、食物仓;一天后,新船出发了……叙事性语言非常客观朴实,不带主观色彩地将人类历史娓娓道来。

比起看过的那些高深莫测、严肃说教的书,这是套多么灵气逗人、幽默诙谐、轻松有趣的科普书!

从此,孩子问我的十万个为什么,无知的我可以从书里找到答案;

从此,每晚的亲子阅读时光,将上演一场场丰富美艳的精神盛宴;

从此,给孩子打开一扇自然科学的大门,一束光照进来,前方风景无量;

从此,把孩子领入爱上自然科学的大道!

阅读小贴士

适合年龄: 6—10岁

书名:《穿越时空》

作者: (英)尼古拉斯·哈里斯等

《丰子恺儿童文学全集》：孩子们的大朋友

当一些儿童读物推广人和家长把目光完全投向西方，或聚焦于绘本时，是否还记得，中国有一位非常可爱的儿童文学作家和漫画家——丰子恺。他是孩子们的大朋友。

不少家长曾经问我，孩子几岁开始读大师比较合适？

其实这个问题有个假设的前提，那就是有些人把大师等同于"高深莫测"，把大师作品误读为"晦涩难懂"。

如果有这种误解，那么，丰子恺的作品会告诉你：大师是如此深谙儿童心理，大师作品是如此平易近人和蔼可亲。

丰子恺曾说："我的心为四事所占据了：天上的神明与星辰，人间的艺术与儿童。"他把初心印在了画上："我的孩子们，我憧憬于你们的生活，每天不止一次！"

他是那么爱孩子、懂孩子、理解孩子、体恤孩子。所以他笔下的儿童如此真实亲切！他认为孩子"有着天地间最健全的心眼"、是世间"彻底真实而纯洁"的人。

丰子恺的儿童文学作品，内容丰富，体裁多样，以前曾有不同形式的单行本出版，但一直还没有出版过收罗齐全的丰子恺儿童文学全集。2011年6月，这样一套全集终于千呼万唤始出来。中国外文局海豚出版社将丰子恺的童话、儿童散文、儿童故事分成7册精编精印出版，包括：童话集《小钞票历险记》《博士见鬼》，儿童散文集《给我的孩子们》《华瞻的日记》《中学生小品》，儿童故事集《少年音乐故事》《少年美术故事》。

丰子恺的儿童文学全集里，本本好看，篇篇我都喜欢！《贺年》的第一句："日历只有一张了！过年了，大家快点起来过

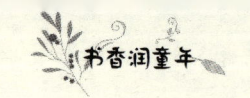

年!"仅此一句,孩子们对过年的欢天喜地已跃然纸上!《花纸儿》的第一句:"华明在庭中的雪地里小便,他父亲罚他在家里读书。""雪地小便"愣是写出了"最喜小儿无赖"的淘气调皮。《姆妈洗浴》这篇,姆妈洗浴被修屋顶的工人看到了,弟弟偏要刨根问底儿:"为什么我们看鸭子洗浴,鸭子不难为情;姆妈洗浴被看到要难为情?"每次读至此,都会捧腹大笑。而笑后细想,孩子的本真之处恰恰在于遇到事情喜欢思考,喜欢提问且打破砂锅问到底。从此我无比珍惜孩子的提问,还专门写了一篇《认真对待孩子的提问》,唤醒天下父母珍惜孩子的好奇心与"提问力"。提问是一种能力,也是一种力量。

我喜欢丰子恺,俊哥也喜欢!丰子恺多才多艺,身兼漫画家、散文家、美术教育家、音乐教育家、翻译家。他的两位老师我也十分景仰:李叔同和夏丏尊。

丰子恺自幼爱好美术,1914年入浙江省立第一师范学校,师从李叔同学习绘画和音乐。另一位对他有较大影响的老师则是夏丏尊,他称李叔同对他的教育方式为"爸爸般的教育",而夏丏尊老师的则为"妈妈般的教育",这两位老师,尤其是李叔同,对他的一生影响甚大。李叔同不仅给予他音乐和美术上的启蒙,也在为人处世上为他作了榜样;而夏丏尊所提倡使用生动活泼的白话文、如实地表现自己真实的感受的主张,则成为他以后散文创作中的最可亲可爱的特点。在这两位与他情谊深厚的老师那里,丰子恺找到了伴随他一生的三样东西:文学、绘画和音乐。

我以为,丰子恺漫画中的娴静恬淡与风趣,散文中的亲切真实与童趣,很大程度上受他那后来皈依佛门的老师李叔同影响。在丰子恺那个年代,他的许多同龄人或许是激进的、偏颇的,而丰子恺兀自保持着自己的淡淡的幽默,冷冷的智慧和一颗宝贵的童心。所谓礁石"光滑而屹立不动",我想当是如此。

我赞成俞平伯如此评丰子恺:丰子恺出生时,他的母亲已生了六个女儿,他是家里第一个儿子。因为父亲也只有一个妹妹,他便是丰家烟火得继的希望,备受珍惜。父亲为他取乳名为"慈玉",他确实是家人眼中的宝玉,祖母溺爱他,父母、姑姑疼爱他,姐姐们怜爱他,连家里染坊中的伙计们也喜欢他。丰子恺自小便被包围在脉脉的温情中,这种温情后来跟随了他一生,浸透在他的性格里,使他总是以温柔悲悯的心来看待事物;发散在他的笔下,就变成平易的文字和纯仁的画风。一片片的落英,都含蓄着人间的情味……

丰子恺的画,是我见过的最清新淡泊的画,寥寥几笔,就勾画出一个深远而清幽的意境。经典的《人散后,一钩新月天如水》,几个茶杯,一卷帘笼,给人遐想无限。丰先生的许多儿童题材的漫画,如《阿宝赤膊》《你给我削瓜,我给你打扇》等,童趣盎然,令人忍俊不禁。

丰子恺的散文,尤其是写给孩子们的文字,实在是朴实厚道得让人内心无比柔软!每次读到《贪污的猫》那篇,五只猫偷吃蛋糕那一段,俊哥就忍不住哈哈大笑,搞得那一阵子老爱喊:"打猫啦,猫又偷吃啦!"我给俊哥讲我小时候养猫的故事。小时候家里养猫,猫是我童年的好伙伴。我写作业时,猫蜷在我书桌上,陪伴我;我在阳台看书时,猫在我脚旁睡觉,有时是假寐,享受我一边看书一边给他挠痒痒抓跳蚤。俊哥问:"猫总这么乖吗?"我告诉他,妈妈养的猫也有偷吃的时候,尤其家里买鱼了猫就爱偷吃,俊哥听了又一次哈哈大笑。

丰子恺与猫有缘,养过许多猫,写过许多猫文。同样养过许多猫、写过许多猫文、与猫有缘的我,却难有一篇写得如丰子恺

般好。单看这一段:

> 昨天耶稣圣诞,有人送我一个花蛋糕,像帽笼这么一匣。客人在座,我先打开来鉴赏一下,赞美一下,但见花花绿绿的,甜香烘烘的,教人吞唾液。客人告辞,大家送出门去,道谢道别。不过一二分钟,回转来一看,五只猫围着蛋糕,有的正在舔食上面的糖花,有的咬了一口蛋糕,正在歪着头咀嚼。连忙大喊"打猫",五猫纷纷跳下桌子,扬长而去。而蛋糕已被弄得一塌糊涂,不堪入目了。我们只得把五猫吃剩的蛋糕上面削去一层,把下面的大家分食了。下令通缉,诸猫均在逃,终无着落。

单这一句"五只猫围着蛋糕,有的正在舔食上面的糖花,有的咬了一口蛋糕,正在歪着头咀嚼",已把那偷吃的投入写得入木三分而妙趣横生了!

这篇《贪污的猫》我和俊哥百读不厌,俊哥有时候突然背出第一句来:我家养了五只猫。除了一只白猫是老白猫"白象"所生以外,其余四只都是别人送我们的。

俊哥还喜欢这句:其实我并不喜欢真猫,不过在画中喜欢画猫而已;喜欢猫的,倒是我的女孩子们。因为她们喜欢,就来者不拒,只只收养。

我则喜欢这一段:客人偶然来访,看见这许多猫围着炭火炉睡觉,洗脸,捉尾巴,厮打,互相舐面孔,都说"好玩!""有趣!"殊不知主人养这五只猫,麻烦透顶,讨气之极!客人们只在刹那间看到其光明的一面,而不知其平时的黑暗生活;好比只看见团体照相的冠冕堂皇,而不悉机关内容的腐败丑恶,自然交口赞誉。写得多好!

请带孩子读丰子恺的儿童文学吧,我在多个讲学场合、在书中多处呼吁父母们要知道并且读到中国很好的童书,丰子恺大师就带给我们一个美丽的儿童世界!

阅读小贴士
适合年龄：7—13岁
书名：《丰子恺儿童文学全集》
作者：丰子恺

《中华成语故事大全》带你领略中国文化

成语，是汉语里一种独特的形式。简洁精辟，这是其他语言文字难以比及的。它是汉语言文化的精华，在庄重凝练或机智幽默中，饱含深刻的哲理和无穷的智慧。《中华成语故事大全》浓缩中华文化之精华，蕴藏五千年历史之底蕴，中国家长不妨带孩子们读一读。

相比当下流行的网络语言，成语是如此经久不衰。红极一时的网络热词，我们发现它们很快就被遗忘，红得快，消失得也快。我把这称之为没有生命力的、昙花一现的词语。而我们的成语，作为中华文化最为灿烂的结晶，始终以一种独树一帜的形式存在于中国文化浩如烟海的典籍中，历久弥新。汉语是浩瀚的大海，成语就像大海中璀璨的珍珠，经过岁月的"打磨"，熠熠生辉。

成语和网络热词不同，成语有着深厚的文化底蕴，成语后面有着耐人寻味的历史故事。所以我非常倡导学生们学成语、用成语，生活中我也常常带着孩子们使用成语，这对锤炼语言也是很好的方法之一——现代人用很长一个句子才能表达出的意思，往往一个四字成语就能一语中的，这就是成语的高妙之处。

看着现在的孩子有时候说出的话毫无语言智慧，或是被流行

语教坏了，说出些低俗的话或粗糙的网络热词来，我常常感慨："当下的孩子为何不多学学成语，从中国历史里去寻找语言的精华。"成语真的是华夏文化之精粹，孩子们如能好好学习成语、使用成语，不仅出口风雅，而且大大提升智慧。

成语不是孤立的，不是无中生有的，每一个成语后面都有着一段故事。《中华成语故事大全》辑录了三百余则常见成语，从"释义""出处""故事""用典"四方面进行解释及引证，将当时的社会背景与历史故事融入其中，使读者不仅能够加深理解，增长历史知识和文学知识，同时也能更加贴切地运用成语，使其变得趣味盎然、生动活泼。

我最喜欢带孩子们读《中华成语故事大全》里面的小故事，这些常常比成语本身更能激发起每一位小读者的阅读兴趣。而往往藉由这些小故事，孩子们对成语的兴趣也提升了，而且很容易就记住了成语、理解了成语，还慢慢喜欢上了活学活用成语。

读《中华成语故事大全》本身不是目的，目的是通过此书了解中国历史、文化，让孩子知道成语的来龙去脉，发自内心地喜欢上成语，然后能够在生活中对成语运用自如。

在网络语言红极一时的当下，在种种烂词破坏汉语之洁净、纯粹的今天，我们果断地与所谓时尚、流行背道而驰，来个返璞归真，以读成语晓文化来抵御语言低俗化，是不是一种捍卫与坚守？

阅读小贴士

适合年龄：6—12岁

书名：《中华成语故事大全》

主编：宋歌

带孩子静静地读《读者》吧

有初中生的家长问我，给孩子看什么期刊比较好呢？

这个问题问得很好，读期刊和读书不一样，是每个月、半个月或每周一次的享受。让孩子们有期望有等待，让这种阅读感受有延续性有系统性，读期刊是挺好的事情。如果家长可以和孩子们共同坚持多年读一本期刊，则是更好的事情。

至于给孩子看什么期刊比较好呢？我发现有些专门给孩子们设计的期刊，却花里胡哨，空洞无物，看似很卡通却并不适合孩子。如果一定要让我推荐一本期刊，我倒觉得一本《读者》办了三十多年，依然能那么素朴静雅，很值得家长们带孩子一起静静地读。

无论世人如何评说，这是一份创办于1981年、迄今已有35年历史的全国发行量最大、世界综合类期刊发行量第四的刊物。无论现在的期刊变得如何花哨，她始终质朴如初。感谢她陪伴我走过少年、青年时代，给过我无尽的精神力量，现在又成为儿子常读的刊物之一。我欣赏能持之以恒几十年且始终坚守自己风格的事物。我欣赏细水长流亘古不变的一些事情，比如读书。

不仅我喜欢《读者》，连我的孩子，小学生俊哥也喜欢。他是《读者》的小读者。俊哥爱看的栏目有：人与自然、生物世界、漫画与幽默等。我们常常一起翻看新买的《读者》，有时候为了一篇文章谁先看还争抢起来。

《读者》一点儿也不花哨，但信息量却很大。而且我欣赏她的故事短小精悍，寥寥数语道出质朴真理。现在老有人讽刺"心灵鸡汤"类文章，我却不以为然。不管这世界如何功利，我觉得

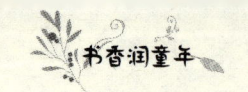

适当喝喝鸡汤还是要的,就像生活除了苟且还应有诗和远方一样,有一些鸡汤文章确实非常好,值得一读。

父亲已去世多年,但我永远不会忘记,从我读小学一年级开始,父亲每年都从自己微薄的工资里拿出宝贵的几十元(后来物价上涨,应该是超出百元了),给我订上全年的报纸杂志,父亲自豪地说这是"智力投资基金",雷打不动。最宝贵的是,这些报纸杂志全都由我自己选择订什么,父亲从不干预,一概支持——包括一本"闲书"《读者》(早期叫《读者文摘》)。

读闲书,实在是人生中一大乐趣,也成了我一直的习惯。闲书里有闲适有平淡,有各种人生智慧。当啃读艰深晦涩的大部头觉得"山重水复疑无路"时,当写作到深夜越写内心越孤独时,翻开一页少年时代就熟悉的《读者》,仿佛与老友相逢,兴奋地聊起分别多年的人生际遇,看着看着,就"柳暗花明又一村"了,就又迎来写作三境界之"蓦然回首,那人竟在灯火阑珊处"了。

2005年,我的西北行:宁夏、甘肃、青海。到得甘肃兰州时,我草草吃完一碗兰州拉面,第一件事就是去到《读者》的出版社:甘肃人民出版社,看看这个我读了几十年的刊物所在的出版社是什么样子。当我站在出版社门口,突然停住了脚步。突然有一种要与"笔友"见面的心情——"笔友"对现代人是个陌生的词了吧,现在只有"网友"了吧?我们那个年代,你在报刊发表了文章,读者会写信给编辑部要你的通信地址,然后给你写信,你们就是"笔友"。大多数笔友始终不曾谋面,就靠书信往来。那是个慢生活的时代,一封信要十几天到达,再回信,将近一个月了,很慢,也很美。此时,我站在出版社门口,突然转身就走。我要让青春时代的《读者》的姣好面容永远留在我的记忆里。

1993年，由于版权问题，当时的《读者》刊登了征名启事，在读者中引起强烈反响，共收到应征信十万多封，这其中也有我的一封。大家提到新名有：读者、读友、读者之家、谈天说地、共享等等。最后使用了"读者"一名，这里也有我的一票。1993年第七期，《读者文摘》正式改名为《读者》。那是我初中毕业的暑假，那个夏天，新生的《读者》陪伴我迎来十六岁的花季……

父亲去世后，再没有人给我订《读者》。我常常路过报刊亭时纪念性地买一本《读者》回来。在黄昏即将来临时，坐在书房一角，摩挲着书页，回忆着过往。

带孩子静静地读《读者》吧，在这个喧闹的时代里，一本书能让我们安静下来，足矣。

阅读小贴士

适合年龄：7—15岁

书名：《读者》

出版社：甘肃人民出版社

第四辑　书香环绕身旁
——给孩子讲身边的读书故事

为什么要给孩子讲身边的读书故事？因为要让读书成为习惯，成为日常，成为习以为常的话题。身边的读书人读书事那么真实而近切，常常和孩子聊一聊，何乐不为？就像吃货常常把美食话题挂在嘴边，就像运动爱好者最多谈及的是体育赛事，就像旅行者三句话不离世界各地的风土人情……如果你和孩子常常讲身边的读书故事，是不是也能帮助孩子爱上读书？身边的读书人读书事会给孩子带来感动和触动，会让他们更加喜爱读书。

读书先生包祥

包祥老师是一位深爱读书的人。他有许多头衔，但他说自己最喜欢被称作"读书人"。他在其著作《教育原来如此美好》中说道："校长，首先是读书人。"在其三千多次的讲学中，包老师每次必讲读书的重要性和必要性，反复讲，苦口婆心"劝学""劝读"。在包老师任总督学的郑州艾瑞德国际学校，建立了"读书广场"，使师生读书"日常化""习惯化"。包老师说，校园要书香化！校园就是师生们读书的地方。校园里浸润着书香，老师们散发着书卷气，这对孩子们对学生们是多大的福祉啊！

包祥老师，不仅教我如何育儿，如何写作，更重要的是，他教我读书！他让我知道，读书是一生的习惯和信仰！

在艾瑞德学校，包老师一直引导老师们读书。每次培训必讲读书，一讲就是半天，从来不需要看稿，因为腹有诗书，因为学富五车，因为厚积薄发。难怪学校的老师在听包老师讲学后自发写的听后感里，满怀深情地说："读书已经成了我生活的一部分，我对读书这件事情的认识有了极大的改变，这个改变来自于包祥先生对我的影响，是包祥先生在我心中种下了这颗读书的种子。读书，会一直伴我前行。我想对包祥先生表达我的谢意，因为这位先生对我读书习惯的影响具有里程碑的意义。'包祥先生'这四个字，对我来说不仅仅是一种称呼，它在我心中更是一种精神，一种鼓励，一种鞭策。"看到这段文字，我突发奇想：中国应该评"读书先生"，包老师一定榜上有名，当之无愧。颁奖词可以这样写："包祥先生不仅自己酷爱读书，几十年来坚持每天安排专门的读书时间在五小时以上，仅《红楼梦》就读了200多遍；更难能可贵的是，包祥先生大力推广读书，十五年来在祖国各地讲家教八部曲三千多场次，每次必讲读书，苦心劝学、劝读，带动百所学校、千名教室、万个家庭养成读书习惯，让书香校园、书香家庭之风飘遍中国！""读书先生"的魅力是书香气，是深层次智慧，所以能经久不衰、入木三分。

包祥老师说今天上午第四节课，给五年级孩子上了一堂课，题为《读书的美》，孩子们都听醉了！哇，艾瑞德学校的孩子们真幸福，校长亲自上课！小学生们还经常跑到他办公室与他论道。看看，一个校长，和十来岁的孩子们打成一片、无所不谈，那是怎样的包容、爱生！包老师的教育名言是：每个学生都是珍贵的存在。他珍视每一位学生，尊重每个学生的个性。有这样一位校长，哪个学生能不自信起来？能不好学起来？能不高贵起来？

晚上把包校长给孩子们上课的事情说给俊哥听，他问，以后我的校长也给我们上课吗？我说，会的，你会遇到包校长那样的好校长的！

关于读书，我极爱一本《论读书》，是几十位名人分别讲述自己的读书故事、读书感情、读书习惯、读书人生！讲得真好！尽管大家都爱书，爱书的感情是一样的，但各自写出来又是那么地不同，各自的读书经历也是妙趣横生，读来清风明月，沁人心脾！

当然，这些名人，大都是文人。所以，当我读到学化学出身的包祥老师所写的充满诗意、令人陶醉的《书，我在淡淡的读着》时，简直惊为天人！一向觉得理科生不爱读书，尤其和我们文科生在读书上没有共同语言，但包祥老师改变了我的偏见。甚至，他对古诗词的信手拈来、恰到好处的引用，绝对在我这个文科生之上，让我自愧不如！原因只有一个，包老师爱读书、好读书、坚持读书、用心读书，所以能博览群书不分文理，所以能活学活用手到擒来，所以能让我们文科生佩服！他的教育书里有诗词有文化有意境！我一直以为他是学文科的，怎么也没想到他是学化学的！可是，就连化学，一到他笔下，也被写得那么细腻那么抒情那么美妙——当年我若是遇到这样的化学老师，怎么会不喜欢上化学课呢？他的文风富有感情，不是枯燥的教育理论文章。他说：现在的基础教育太模式化了，缺少情感，缺少人文。所以他的教育文章，独辟蹊径，自成风格，读来如诗如画，美妙中蕴含哲理，润物细无声地达到了教育的境界。

包祥老师著《教育原来如此美好》一书中的好些文章，我反反复复读了好几遍。其中读得最多的就是这篇《书，我在淡淡的读着》："读书，我是从读，到习惯，到偏爱，又不知何时，有了读书的嗜好。其实，读书就是一种习惯，可以说是人生的良好习惯。对一个人或一个民族来说，缺少读书的习惯，比没有书更可怕。人吃药是要治病，吃营养品是想保健，吃饭不能说是治病，也不能说是保健，而应是为了生命的延续。读书是人生命高质量的延续。读书会使人积气，积势，积厚重。读书是我们的力量所在。读书，真好，这是我内心深处的呼唤。当你读书之后会晓得，读书是呵护心灵的绿地，读书是建设精神的家园，读书是灵魂的出口，读书是心智的飞扬，读书是精神的提升……"

我特别喜欢其中一句："书中自有花似锦，书中自有草如碧，书中自有春如画，书中自有秋飞雁。"把原来的黄金屋啊颜如玉啊改成了春花秋雁，实在雅致！我把这句稍作修改："书中自有春绿叶，书中自有夏百花，书中自有秋飞雁，书中自有冬飘雪……"自以为春夏秋冬齐了。可是再一琢磨，还是觉得老师的好！

关于读书，包祥老师送我四句话非常受用："读书不要因学科窄化自己、不要因性别窄化自己、不要因年龄窄化自己、不要因地域窄化自己"——这四不要，真是给我打开了一扇广阔的读书之窗！其实早就知道读书要读百家书，要采众家之长。但我还是偏科得厉害，语文英语很好，数理化实在差。这明显限制了思维、拘束了视野。要像包老师那样，什么书都能看、会看、爱看，都能看出其中的美，找到看似相去甚远的不同学科之间的内在联系，拓宽视野，融会贯通。包老师给我这个读书方面的启发，将给我今后引导俊哥阅读带来一个广阔的美丽新世界！

笔记公主和写话王子

大家出门前都有个好习惯:"伸手要钱",检查带没带这四样东西:身份证、手机、钥匙、钱包。俊妈还要比人多三样:书、笔和笔记本。这笔记本不是电脑,是实实在在的纸质笔记本。我记笔记有四随:随手记、随时记、随地记、随想记,走到哪记到哪,想到哪写到哪。

俊哥说:"妈妈你笔记公主啊!"

我从小学三年级开始就有随身带笔记本的习惯,平日点点滴滴记下的文字就是日记、周记、作文的最佳素材。大学里依然保持好习惯,做读书笔记,写各种文章,自己很享受这种生活。这一沓大大小小、各种各样的笔记本我都带来北京了,是书房里一道独特的风景。

我的笔记里有很大一部分是读书笔记。读书时拿支笔,边读边做笔记。有些直接写在书上空白处,大部分不够写,就写在笔记本上。书中的好句子,读书时生发出来的心得、联想、创作灵感,及时记下,及时捕捉。读书做笔记是个非常美的享受!

俊哥出生后,我继续保持了随时记笔记的习惯:记下俊哥的妙语连珠,记下育儿的各种心得,记下写书的各种灵感。灵感转瞬即逝,不及时记下,过后别说想不起具体内容——而是压根不知道灵感曾经来过,多可惜啊!

骑车、开车路上我常常构思文章,到家连忙记下来;旅行途中,我不时在本子上记下所思所想。记得从北京回家乡长汀的长途火车上,除了睡觉,我是书和笔记本不离手。列车长看到我记得密密麻麻的本子,不禁赞叹:"这位孩子妈,可真是有才啊!"

第二年回家,碰巧又是这位列车长。我把我的《童年可以如此美好——家教八部曲实践篇》赠送给他,他激动极了:"我天天跟车,车上大部分人在聊天打牌玩手机,读书的少,写作的更少!没想到长途火车上也能写作哈!以后我也要多读书,说不定我也能出书呢!"我鼓励他,一定能!

俊哥那天放学回来,亮出个小本,说:"这是语文老师给我们的奖品。我也要像妈妈一样随时带着它,随时写话。"

"写话"是俊哥的语文作业,每天写一两句话就行。一开始俊哥不知道写什么好,一般都是"今天我很开心"这样的句式。如此写了半个月,耐心的老师没说什么,我却有点受不了了:"你怎么天天都很开心啊?"

俊哥一脸认真地说:"我真的天天都很开心啊!你莫名其妙!"

我被"莫名其妙"逗乐了,也被警醒了:孩子就是天天开心,如实写话,有错吗?你可以引导孩子,但不能指责啊。

于是我启发俊哥:"你今天为什么开心啊!"

俊哥答:"你给我网购的书《我的幸运一天》到了啊!"

我赞赏:"很好啊,你把它写进话里啊,让老师知道你为什么开心啊!"

俊哥很认真地写,不会写的字让我教他写拼音。

从这天开始,俊哥的写话终于能大于一句话了,有时候能写三四句,连起来就是一段很完整的小文章了,如:

"我今天跳绳跳了239个,是在鸿博公园跳的,是最多的一次。上次跳了197个,是在小区花园跳的。妈妈说我一开始学跳绳的时候才只能跳五个。她夸我进步大。"

这实在是一篇很不错的作文了,对于一个初入小学的孩子

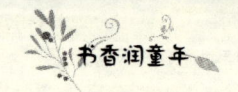

来说!

自从有了"写话本",俊哥写话更来劲了。去公园玩,写下:"今天在公园滑冰,真好玩!";去同学家,写下:"我和小宝同学玩了一晚上,很开心!";去旅行,写下:"澳门好多热带水果吃啊!我吃得津津有味!"

我问俊哥:"你为什么喜欢写话了?"

俊哥却说:"我不是喜欢,而是反正要写。随身带着及时写,不然回家又忘了写什么了。"

多坦率的孩子啊,多么真实和可爱!

我叫他"写话王子",他欣然接受。而且,似乎慢慢爱上了写话,也和妈妈一样,不写不快,随时想写了!

语言是思想的彰显,读书和写作相得益彰。读书给写作带来无尽的源泉,写作让读书的思考更加深刻。家长们,请和孩子一起读写结合吧,享受读书与写作的双倍乐趣!

带俊哥看望我的"读书指导老师"

从俊哥一岁半开始,我们每年一次,千里迢迢地带他回俊爸俊妈共同的家乡——福建长汀。每次回汀的主题之一是带俊哥去看望我们的母校和老师。学生时代是一个人一生中宝贵而重要的时期,带孩子故地重游,让孩子参观父母当年的校园,看看当时的教室,感受求知的重要、学生的美好、老师的恩情,这本身就是一件多么美好的事!

俊妈带俊哥见过自己学生时代的许多位老师,从幼儿园的园长、阿姨,到小学班主任,到中学各阶段的老师。其中俊哥见面次数最多的一位是俊妈的"读书指导老师"。他是我高中语文老师梁小倩先生。

第一次见梁老师时,俊哥一岁半,口齿已很伶俐,他好奇地问:"妈妈,什么是'读书指导老师'啊?是不是给你讲故事的老师啊?"

哈哈,我被逗乐了!说得真好啊!"读书指导老师"就是给你讲故事的老师!

那时候,都高中了,梁老师在语文课上还给我们讲故事——想想,我们多么幸福!我最喜欢听他用文言文给我们讲古代的故事,至今记忆犹新的是《烛之武退秦师》。寥寥几百字,把当年复杂多变的战争风云描述得清晰明白而腾挪跌宕、引人入胜。

我就是从《烛之武退秦师》开始喜欢上《左传》的。

我喜欢《左传》所记录的那个风云变幻的时代,喜欢她的散文化叙事和对人物的生动描写,人物性格栩栩如生、跃然纸上。这对我以后的阅读喜好和写作风格不无影响。

包祥老师常常对我们说,优秀的老师应是学科的化身。我想,梁小倩老师便是我心目中语文学科的化身。由他,我更加喜欢语文和写作,深深爱上阅读,阅读成了一生的习惯,文学成为我一生的信仰——我想这是梁老师给我的我最宝贵的财富!

因为读书,因为"读书指导老师"教我读书,本来学习很紧张的高二高三那两年时间变得美丽而丰富!那时候,每天晚上学习到11点,然后泡脚读课外书半小时,成为我一天中的最大享受!也让我每天从早上开始有了个幸福的期盼!

这些年,我常常在想,教师应该教给学生什么?

教授知识,是第一层级;

教授方法,比知识略高一筹;

教授习惯,是给学生的好礼物;

教授人生态度,比如爱读书,豁达,包容,那是无价之宝!

今年春节,大年初二我就带俊哥去看望梁小倩老师。梁老师的儿子正上大学,一米八三的小伙子很阳光,竟不嫌俊哥小,陪俊哥在长汀一中的体育场一起玩篮球。

一贯认真的老师带来了我寄给他雅正的《童年可以如此美好》。看到我的书一页页被他仔细批注、点评、折角,学生时代的感动再次涌上心头。那时候我酷爱写作,课余自己写些东西,还给文集起名《紫贝壳》《蓝月亮》等。梁老师精心为我批改,一点儿也不嫌这些额外工作耽误他时间。还把自己订阅的《光明日报》借给我看,鼓励我多读书。

我带俊哥看望我的读书指导老师

梁老师说自己学生无数,但今天能坚持写作的不多,坚持热爱文学的不多。我想,正是他当年对书对阅读的热爱激励着我,让我至今还能保持文学理想和写作习惯。也正是这个习惯,让我今天有幸像当年请老师指正作文一样指正我写的书。因书结缘,何其美好!

此次见面,梁老师再次和我说起那位他已经说过好几次了的李姓学生——他很放不下这位学生。

李同学当年是一般意义上的"差生",梁老师说:"王莉你本身很优秀,培养你成为更优秀的人这不能算我的什么功劳;但小李我是把他从'差生'培养成优秀的文科生的。我觉得提升所谓'差生'为优秀才是老师更大职责。所以我很希望他能坚持写作,在文学上有所造诣。"

梁老师这段话很感动我,尤其"提升所谓'差生'为优秀才是老师更大职责"一语竟与包祥老师的话如出一辙!让我再次震撼于一位好老师对一个人一生的影响,尤其是对那些不幸被贴上"差生"标签的甚至被迫退学的孩子!

每次梁老师说起小李,说他现在做生意啦,不写作啦,不学文啦。我总要作淡定状安慰他说:人各有志。

年逾花甲的梁老师却不依不饶,一脸认真地说:"人还是要有点儿精神追求的。人有精神追求,才有心灵的纯净,才会在世俗纷争中保持宁静超脱,才有真正的快乐!"

老师的认真触动了我。

梁小倩老师是我第一位"读书指导老师"。后来,在北师大读教育学硕士时,我又遇到一位我人生中重要的"读书指导老师",包祥先生,包老师教我"读书四不局限":不受性别局限、不受地域局限、不受专业局限、不受年龄局限,让我受益匪浅。

我感谢人生路上每一位恩师,尤其感谢每一位"读书指导老师"。教我读书的老师真正做到了"授之以渔",让书中每一位大师成为我永远的老师,让我一生都能与书相伴!

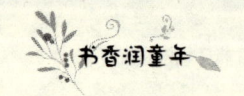

在北京的第一张书桌

今日傍晚,正在书房的清风明月里读书,收到朋友发来的信息,就一句话:漂泊十年,终于有了一张自己的书桌!

作为读书人,我对这句话有着深深的感慨,应该说是百感交集,要热泪盈眶了!

想起我在北京的第一张书桌来。

2000年,我从厦门大学毕业来到北京,迄今十七年了。

单身宿舍家徒四壁,我购置的第一件家具就是书桌。可以没有电视机洗衣机和冰箱,唯独不能容忍没有书桌。在北京东北五环附近一个叫大山子的地方,我花50元买了一张书桌和一把椅子。那个晚上,是我到北京十天来最幸福的一个晚上——终于在北京有了一张自己的书桌。

还记得我在昏黄的灯光下,看的是米兰·昆德拉的《生命中不能承受之轻》。

那年,在厦门火车站买了个巨大的旅行箱,除了几件衣服之外,塞满了大学四年读的书,实在舍不得扔,决定千里迢迢运到北京去。

我到达北京好几天了,托运的箱子才到。等书的那几天我心神不宁,特别担心一大箱子书在路上丢失。终于等到到达的那一天,兴奋得像过节,像是去和情人约会!

一位男同学陪我去车站取箱子,一个人竟搬不动,他很惊诧:"你这一箱子什么东西?金条吗?"

当他得知是书时,说了句:"书,还值得你这么千辛万苦从厦门带到北京来吗?"

这位男同学，千方百计想接近我，满腔热情地讨好我，辛辛苦苦跑大老远出大力气帮我拿行李。可惜就这一句话，让我永远把他排除在考虑对象之外了——一个不爱书的人，与我不是同道中人，我怎么可能爱上你？

在北京东郊大山子的那些个夜晚，我都是在"一盏孤灯夜读书"中度过的。那是我从南方来到北方的第一个冬天，异常寒冷，人生也发生了巨大的变故。在一个个漫漫长夜里，在我始料不及的北风呼啸里，是书籍给了我温暖和慰藉。

同一宿舍楼的同事有时来我这串门，都对我这书桌很感兴趣，说整个楼可能就我宿舍有书桌而无电器。我们在书桌旁一起看书，评书，些许风雅。

记得那次去北京音乐厅欣赏《中国唐宋名篇音乐朗诵会》，见到了非常喜欢的演员濮存昕。我把朗诵会上的诗词集带回来，中秋节之夜，和同事在我书桌旁，三五人轮流朗诵，那实在是个美好的夜晚。这本诗词集我一直保留，待到俊哥半岁时就读给他听。这是俊哥最小接受的文学熏陶！

俊哥"读"唐诗

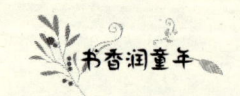

也是在这张书桌上,我写下了许多散文,频频见诸报端。当时北京的纸媒三巨头《北京晨报》《北京青年报》《京华时报》都发表过我的散文,我自己比较喜欢的篇目有《女人为什么比男人笨》《错误约会纳木错》《北上第一年》等。

读书写作是那时候生活的主要内容。在那物质生活极其朴素、感情生活接近空白的岁月里,我的精神生活极大丰富。那是我难忘的一段时光。那时候的幸福,基本都与这张书桌有关。因此,这张书桌,即使无比简陋,但在后来几度搬家中我从未抛弃过它。从大山子到广渠门,再到慈云寺,与我不离不弃!

俊哥出生了,我带他在这张书桌旁读书。他胖乎乎的小手摩挲着书桌上的书页,我给他朗诵唐诗宋词,他听得津津有味;俊弟出生了,我带他在这张书桌旁读书……那是一幅幅美丽的画卷。

我做北师大的教育学硕士论文,也是在这张书桌旁。那阵子俊爸带俊哥多一些,俊爸常常抱着俊哥在书房门口探头看我,俊哥对我书桌上的各种大大小小、厚厚薄薄的教育学、心理学书非常好奇,老要进书房来看一看、摸一摸才满足。这对于我的枯燥的论文时光可是个温馨的探视。

这张书桌至今保存在家里。家人曾说,几万元一平米的房子,就别给一张简陋书桌留空间啦。我舍不得,甚至在我《童年可以如此美好——家教八部曲实践篇》一书里,我还专门撰文纪念此书桌。

而今,我早已有了大大的房子大大的书桌,但这来北京的第一张书桌依旧摆在书房里。看到他,就想起初到北京的物质贫乏却精神富足的激情燃烧的岁月;就闻到一缕陪伴过我整个青春的沁人心脾的书香洋溢书房……

唱着《时间都去哪儿了》 读朱自清的《匆匆》

俊哥很喜欢《时间都去哪儿了》这首歌,常常哼唱着高潮部分在那自娱自乐:"时间都去哪儿了,还没好好感受年轻就老啦!"我悄悄观察他,小歌手还唱得蛮投入的。

这是元旦放假前夜,也是岁末最后一天。晚上,又听俊哥在唱这歌。我放下手中正在写的文字,停下来静静听他唱歌。

回忆起我第一次听这首歌是在电影院,在北京的蓝色港湾看《私人订制》,那是很多年没去电影院看电影以来,新的第一次。也是第一次听到《时间都去哪儿了》,瞬间就觉得此歌会火,并把此歌视为该影片唯一亮点。那晚,我在寂静漆黑的电影院当场落泪。

今晚又听此歌,是孩子亲口唱给我听。于是在微信朋友圈里感慨起来:"又一年的时间过去了,一些梦想已经实现,新的梦想继续诞生。在日复一日的平淡生活里书写属于自己的传奇,时间自有一种化平淡为神奇的魔力,如果你真的爱,并且坚持,而且享受其中,那么过程之中已经在实现幸福。祝福你,每一位朋友!"

把"惜时"作为新年祝福给朋友们,也给自己,共勉。

想着"惜时",就想起朱自清的《匆匆》,中学时代非常喜欢且倒背如流的美文。

等俊哥唱完歌,我告诉他,你喜欢的《荷塘月色》那篇文章的作者朱自清,也写了篇美文,很像《时间都去哪儿了》这首歌,想不想读啊!

俊哥说想啊想啊。我找出书架上的《朱自清文集》,一下就

翻到这篇。在辞旧迎新的夜晚美美地欣赏起这篇美文来：

  燕子去了，有再来的时候；杨柳枯了，有再青的时候；桃花谢了，有再开的时候。但是，聪明的，你告诉我，我们的日子为什么一去不复返呢？——是有人偷了他们罢：那是谁？又藏在何处呢？是他们自己逃走了罢：现在又到了哪里呢？

  我不知道他们给了我多少日子；但我的手确乎是渐渐空虚了。在默默里算着，八千多日子已经从我手中溜去；像针尖上一滴水滴在大海里，我的日子滴在时间的流里，没有声音，也没有影子。我不禁头涔涔而泪潸潸了。

  去的尽管去了，来的尽管来着；去来的中间，又怎样地匆匆呢？早上我起来的时候，小屋里射进两三方斜斜的太阳。太阳他有脚啊，轻轻悄悄地挪移了；我也茫茫然跟着旋转。于是——洗手的时候，日子从水盆里过去；吃饭的时候，日子从饭碗里过去；默默时，便从凝然的双眼前过去。我觉察他去的匆匆了，伸出手遮挽时，他又从遮挽着的手边过去，天黑时，我躺在床上，他便伶伶俐俐地从我身上跨过，从我脚边飞去了。等我睁开眼和太阳再见，这算又溜走了一日。我掩着面叹息。但是新来的日子的影儿又开始在叹息里闪过了。

  ……

  带孩子阅读，我认为要有一种人文情怀。在给俊哥读朱自清的《匆匆》时，我自己深深感受到一种阅读时向孩子传递人文情怀的美好。按理说《匆匆》一文其实离孩子们有点远，甚至流露出作者当时略微迷茫而惆怅的心情，但散文高手朱自清就是能把文章写得非常美妙而细致，其中隐藏的人文情怀吸引了年龄和心境都相差很远的孩子，因为是如此接近生活！所以才有了：如此读了几遍《匆匆》，过几天俊哥洗手的时候，会盯着水流，突然说："洗手的时候，日子从水盆里过去。"吃饭的时候，俊哥会盯着碗里的米粒儿，做感慨状："吃饭的时候，日子从饭碗里过去。"我们听了，微笑。任孩子自己在生活的一个个细节中感受美文的真实与美好。

我们带孩子阅读，要特别警惕功利心，不要带着让孩子识字、懂道理、爱读书等种种目的去阅读。用包祥老师的话说："书，我淡淡地读着。书，读就是了。"读书就像喝水吃饭一样平平常常，只是每日生活所需，不需要惊天动地。有些书，教给孩子知识；有些书，教给孩子道理；有些书，带给孩子美感；有些书带给孩子趣味。所以，有时候让孩子读一些"无用之书"反而弥足珍贵！就像此篇《匆匆》，好像离孩子们很远，却很可能伴随孩子们一生！

代代相传的《伊索寓言》

我小时候，父亲常常给我讲睡前故事，印象最深的就是那本厚厚的《伊索寓言》。

父亲去世后，我从北京千里迢迢赶回长汀。在父亲的书房里，我找到了这本已经被岁月打磨得相当沧桑的《伊索寓言》，儿时父亲给我读书的情形跃然眼前。父亲是军人，很有个性。平时生活工作中敢作敢当，刚直不阿，男子气十足。而在每天晚上给我讲故事时，我却感受到父亲的完全不同的另一面：那么耐

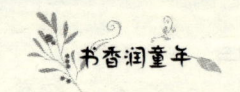

心、细致,对我的各种千奇百怪甚至刁钻的问题,他是百问不烦、百答不厌。或许这就是剑胆琴心、铁汉柔情!这就是深沉而伟大的父爱!

我在书房里独坐良久,远眺着家乡的卧龙山,倾听着母亲河汀江的悠悠流水声,回忆着父亲对女儿那满满的爱,二十多年前的一幕幕如电影般地浮现,泪湿了眼眶……含着泪,我把这本珍贵的《伊索寓言》跨越千山万水带来了北京。

俊哥出生了,我给他读《伊索寓言》。读着读着,每每想起自己的童年时光。在那物质匮乏的年代,这样一本书给了我多少温暖的父爱和智慧之光!

同样是一本书,俊哥喜欢的篇目和我小时候喜欢的篇目却大不同。这就是时代的变迁,这就是性别的差异,这就是个性的光辉!我一再对年轻的家长们说,一定要允许和悦纳这种宝贵的不同!

俊哥大一些了,问我:"我今天看到小宝的姥爷带他在小区玩。妈妈,我的姥爷在哪呢?"

我告诉他:"姥爷已经去世多年了,但姥爷对我的爱从未离开,姥爷给我读过的书,就是那本妈妈常常给你读的《伊索寓言》,与我们天天相伴。"

俊哥说:"哦。"然后小小的他,就那样沉思了好几分钟,说,"那姥爷知道我吗?"

我说,知道的,还知道你也爱听他留下的《伊索寓言》里的故事。

俊哥若有所思地点点头。

我突然注意到,母亲静静地站在一旁,脸上的表情忧伤却欣慰。我张开双臂拥抱母亲,母女同时热泪流淌……

一生清贫的父亲没给我们留下什么财产，却给我们留下了巨大的财富：他的满满一书房的书，他的给我讲睡前故事的满满的爱，他的正直善良，他的敢作敢当，他的人生智慧……父亲！我们永远想念您！

世界上译本最多的 50 本书，你读过几本

最近，美国的一家翻译公司列出了世界上被翻译最多的 50 部文学作品，进入榜单的书，有经典名著，有当代畅销小说。今晚的阅读时间，我给俊哥的话题是"世界上译本最多的 50 本书，你读过哪几本"。在给俊哥读《窗边的小豆豆》一书时，我告诉俊哥小豆豆的故事被翻译成三十多种文字，全球各地很多小朋友都在读她，那时起俊哥知道了"译本"的意思。今晚，俊哥看着这些"世界上译本最多的 50 本书"，迫不及待地找自己读过的那些熟悉的书。

第一本，《小王子》，俊哥兴奋地说："这个我读过！哇，253 种译本！"接着找，又找到熟悉的朋友：《爱丽丝漫游奇境》《安徒生童话》《海底两万里》，还有姓丁的俊哥最喜欢的《丁丁历险记》哈哈！

再找，还有俊哥两三岁开始看的《米菲》，还有俊哥最近很迷的《帕丁顿熊》，昨天去蓝色港湾，在电影院门口又看到这只熊了，还是拎着他那只铁皮箱。俊哥仔细看了铁皮箱，说："好旧啊！"我说："是啊，五十年历史啦！"

后来又找到了《窗边的小豆豆》，俊哥很兴奋，去把这本书找出来，说要核对一下译本数量，好认真。

世界上译本最多的 50 本书，俊哥找到了十多本他读过的。

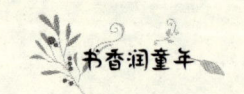

我对俊哥说:"祝贺你,才开始上小学就已经读了世界上译本最多的50本书里的十多本!你好幸运好幸福!"

俊哥问:"妈妈你小时候读过我这么多吗?"

我说:"真没有,那时候买书哪有这么方便,译本就更难寻到了。很多书都没听说过,就像你读的《巴巴爸爸》,那时候刚刚有电视,还没有译本。电视播完了,我就想,要是有书就可以想读就读了。直到近几年,我这一梦想才实现呢!"

俊哥若有所思地点点头。然后我们开始找世界上译本最多的50本书里,我读过的那些。找到了曾经一遍遍反复读的《挪威的森林》《乱世佳人》《百年孤独》等等,少年时代如饥似渴地啃读经典的那些个寒暑假的白天、那些个晚自习后的夜晚,又浮现眼前。要不是有这些经典书籍相伴,我的少年时代会是多么苍白!感谢书!感恩有书读的岁月!

今晚,我和俊哥在书房,盘点着世界上译本最多的50本书,盘点着这些世界名著,回顾着分享着我们各自的阅读史,俊哥很快乐,我也真正从内心感到幸福!一个人的阅读史就是他的精神发育史,我感谢我的父母在那物质匮乏、资金紧张的年代还常常给我买书,坚持给我订报刊,让我从儿童时代起就一直与书相伴,过着富足的精神生活,让我无论在人生的哪个阶段,不管这世界如何物欲横流,始终葆有精神享受,现在又把这美好的习惯传递给儿子,我想这是我能给予他的最宝贵的财富、最珍贵的礼物、最长久的幸福——一生爱读书!

厚厚的车书看得入迷

北京某出版社的谭社长,是俊哥的忘年交,俊哥叫他谭大大。

谭大大是个特别爱读书的人。周末,我们一起去郊区玩,大家睡懒觉,八九点才起来吃早饭时,已经看到他散步回来了。他总是5点多就起床读书,再去散步。晚上,大家打牌啊唱歌啊,谭大大又回房间读书去了。去郊游,他一定要带两样东西:书和咖啡。

俊哥说:"难怪谭大大那么有学问啊,原来他这么爱读书啊!"

我故意问俊哥:"你怎么知道谭大大有学问啊?"

俊哥说:"他和我聊起汽车来,懂不少呢!"

哈哈!俊哥和忘年交谭大大聊起汽车来,那可是相当投入、相当专业。什么涡轮增压,什么陡坡缓降,都是我这文科生听得云里雾里的术语,俊哥却如数家珍。谭大大常常送俊哥一些汽车方面的书籍,那是俊哥的最爱。这些书不只是车型、款式,还有汽车美容、保养、维修等各方面的专业书籍。我一点兴趣都没有,俊哥却很喜欢。

每年谭大大送给俊哥的新年礼物,是一大本的《年度实用车型汇总》,俊哥简称为"我的车书"。他很强调"我的",仿佛他已是某大学汽车设计专业学生,而那是"他的"专业书。

厚厚一本车书200多页,密密麻麻地排满车型、价格等参数,俊哥看得入迷。他常常在那安静地看上一个小时。只见他静静地坐在角落,专注地看着那本大大的车书,一边还拿个笔做批

注，不时地比较一下不同车型……那个认真劲儿，我们看了又想笑又很欣赏：这孩子正在享受属于他自己的阅读乐趣！这种乐趣是一种非常私人的体验，请勿打扰！俊哥学我们住酒店时看到的牌子"正在打扫，请勿打扰"，改成"正在读车书，请勿打扰"，让我们帮他把这些字写在一张纸上，他贴在书房的门上。我们便绝不打扰。

奶奶有时候问我们，这些书看了有没有用啊？

我笑了，只要他爱看，他喜欢看，就让他看。奶奶也赞同，并对俊哥能够长时间专注看书非常赞赏。

俊哥看了车书，还学以致用，给我讲我们自己车的各种零件和配置，把我这文科生听得一愣一愣的。他怎么懂那么多机械知识？

俊哥看了车书，还要自己开车店。他扮成车店老板，我们是顾客，来到他车店。他会问我们要买什么车。我给他一个开放性回答：价位在 50 万左右的车你给介绍几款吧。俊哥可兴奋了，这是他强项啊。他推荐了宝马 X3、奥迪 Q5、沃尔沃 XC60，又分别给我介绍各款车的特点、优劣，说得头头是道。还回答我们关于车的各种问题。我问得比较一般，俊爸问得专业些，但俊哥照样对答如流。最后我们一定能当场成交，在他车店买车。看他一脸满足，我都为他感到幸福！好得意的卖车员，又成交了一笔。

音乐文学两相宜

音乐与文学艺术是相通的，是我最喜欢的两种艺术形式。晚饭后，打开音乐读读书，是一种绝美享受。

俊哥从没学过钢琴，却很喜欢理查德·克莱德曼，尤其喜欢《天空之城》，我们带他现场听过钢琴王子理查德·克莱德曼演奏此曲。近些年的圣诞节，理查德·克莱德曼几乎每年都要亲临北京，到人民大会堂举行迎新年音乐会，我们常带俊哥去欣赏。钢琴王子穿着他那套最经典的蓝色西服，已是年过花甲、满头白发却精神矍铄。音乐让人年轻！能从事自己热爱的事业是多么幸福！

钢琴王子演奏着美妙的经典曲目，我们完全陶醉其中。俊哥从没学过钢琴，却很会欣赏和享受音乐，二者并不矛盾。或许那些被迫学琴的孩子却因为厌恶练琴而远离了音乐，家长们别一提钢琴就考级，请呵护孩子对美的天赋，多带孩子欣赏艺术美吧，它让人心胸开阔热爱生活！

在家里，我们常常一边听音乐一边读书。俊哥喜欢听着《天空之城》，看些自然科学方面的书：《海底两万里》《宇宙的奥秘》《儿童好奇心大百科》等，在那样一种情境中读书会感觉开阔、深远。

我喜欢听着许巍的《蓝莲花》，给俊哥反复诵读《爱莲说》，虽然风格迥异，却有异曲同工之妙。

带着俊哥听《青藏高原》读《国家地理》，给他讲爸爸妈妈在2006年青藏铁路刚刚开通时从北京坐48个小时的火车去西藏旅行的故事，俊哥听得心生向往，我们约好等他长大一些带他一起游西藏。

听着《雪绒花》《北国之春》，俊哥读"一片两片三四片……"，俊爸读"北国风光，千里冰封万里雪飘"，两个男子汉的读书世界。

听着《滚滚长江东逝水》给俊哥读他喜欢的《三国演义》，

讲他崇拜的大智囊诸葛亮和大英雄关羽的故事。

听着《婉君》俊妈偶尔读读琼瑶，琼瑶的书也可以读给孩子？不必大惊失色，轻描淡写即可。俊哥很喜欢歌里那句"一个女孩名叫婉君"，问是不是"王军"，他有个同学叫这名字。俊哥听两遍《婉君》就会哼唱了，还自己填词："一个男孩名叫王军，他的故事非常有趣。小小男子汉，跑步非常快！"我们听了哈哈大笑！

一会儿又改成"一个女孩名叫王莉，坐那写书对我不理，不陪我玩游戏，我很讨厌你！"蛮押韵哦。我赶紧放下笔，陪他玩儿去。

一会儿又改成"一个男孩名叫淘气丁，老师叫你几遍都不听。原来在那折着纸飞机，自己玩得入了迷。"哇，这回是说他自己吧。幼儿园老师曾经叫过他"淘气丁"。

音乐，文学，和孩子一起，同时享受两件美好的事物，人生一大乐趣！

"亲子共读" 摄影展

出版了我的《童年可以如此美好》《陪伴的力量》等书的福建教育出版社，在读书节举办"亲子共读"摄影作品展活动。

我把这活动告诉俊哥，俊哥反应好快："奖品是啥啊？"

我笑了："是书券，可以买书哦！"

俊哥说："好啊，我们挑选照片参加活动吧！"

于是，这个周五的晚上，我和俊哥一起浏览这些年的照片——当然不会有太多读书的照片，读书的时候不会想到拍照呢，还好偶尔我有抓拍到一些。

俊哥找啊找，找出第一张。那年春节去新加坡、马来西亚旅行时，俊哥一路带着他最喜欢的那本《窗边的小豆豆》。白天游览观光，晚上在酒店读书。这晚，我在窗边读着书，一抬头，看到父子俩读书好投入，孩子那享受阅读的愉悦、认真的表情非常美！我蹑手蹑脚拿来相机，抓拍下这一张俊哥和俊爸在酒店沙发上读《窗边的小豆豆》的照片。俊哥已经洗了澡，换上了睡衣，在听爸爸读书讲故事。我觉得这是我们此次旅途中最佳照片之一——享受旅行快乐，看美景吃美食拥抱大自然，同时保持饱满丰盛的精神生活！多么完美！我好喜欢这张"父子共读照"，俊哥也满意，入选！我们给照片加上说明："2015年春节，我们去新加坡马来西亚旅游，一路带着《窗边的小豆豆》，俊哥很爱读。白天旅行很累了，晚上睡前还要求我们给他读几篇书中故事才肯睡觉。这是在吉隆坡的酒店里，睡前俊爸给俊哥读书的温馨情景。"

继续找照片。又是一张我拍的"父子共读照"，这张是在福建长汀老家，在姥姥家的花园里，清晨，俊哥早早起床了。在等着吃姥姥做的香喷喷的早饭的零碎时间里，俊爸带着俊哥在花园里的秋千椅上读书。看，读到精彩处，俊哥笑得多开心啊！俊哥的小手搭在俊爸肩

俊爸给俊哥读书

头，父子间的和谐默契在一个读书的场景中自然流露，真美！我们给照片加上说明："阳光下，清风里，俊爸和俊哥阅读着，微笑着，享受着……阅读是最好的陪伴。"

接着找照片，俊妈很希望有自己出镜的机会哦，终于找到一张。2014年8月，自然生长教育母子书——包祥《自然生长教育》与王莉《童年可以如此美好》在郑州举行新书签售会。俊哥亲自出席妈妈的新书签售会，遇到了很多爱书人！看，俊哥看着白发奶奶也来买书，露出了惊奇的眼神！我们给照片加上说明："在俊妈的新书签售会现场，俊哥感动于白发苍苍的、八十多岁的老奶奶还来买书。这对孩子是多么生动、真实的阅读教育与心灵震撼啊！"

白发老奶奶参加签售会

这张还是爸爸陪读照哦。看来俊爸的的确确是个坚持带俊哥读书的好爸爸！从孩子半岁起就开始读书啦！那是十多年前我在北京人民大会堂欣赏"中国唐宋名篇音乐朗诵会"，见到了非常

第四辑　书香环绕身旁

喜欢的演员濮存昕。朗诵会上的诗词集我一直保留着。多年后，待到俊哥半岁时我们就读给他听。这是俊哥最初接受到的文学熏陶！我们给照片加上说明："半岁宝宝喜欢唐诗宋词，不过拍照时走神了哦！"

俊哥的陪读者不止是爸爸妈妈，还有姥姥！那年去厦门度假，俊哥的自带读物都已读完，韬韬哥哥就把自己小时候看的《猫和老鼠》送给了俊哥。俊哥如获至宝，天天都要姥姥给他读。看，祖孙读书乐！我们给照片加上说明："俊姥姥和俊哥宝都爱看《猫和老鼠》，这天看到精彩处祖孙俩笑哈哈……阅读是最好的陪伴与教育。"

这个晚上好充实啊，我和俊哥一起，翻看了这些年的照片，回味了这些年一起读书的场景，再一次感受到阅读在我们的生活中的分量和乐趣。俊哥意犹未尽，摆出他的好多书要我给他和书合影，我告诉他这叫"摆拍"哦，俊哥说没关系，要把这些小时候看的书拍下来，以后想看时如果找不到书了可以看看照片。我满足他的愿望。

姥姥就给俊哥读《猫和老鼠》，此照片荣获福建教育出版社大梦书屋"2015年读书节"最美照片奖

我们把精选的照片投稿了。几天后得到消息，

我们得了最美照片奖和一张 200 元的书券。俊哥高高兴兴地买了几本书,我也买了书,没参加选照片的姥姥、俊爸因为"入镜"有功,也得到了书作为奖品。

母亲节期间的这两个礼拜,围绕选读书照片、参加"亲子共读"摄影作品展、得奖、买书……母子俩好忙碌,俊哥最开心!

读恩师写的书

这天俊爸下班回家,带回一本厚厚的大书。俊哥看到了,满心欢喜,飞奔过去:"爸爸,又给我买了什么书?"

还没等俊爸回答,俊哥开始念书名"山……云……"

我一看,是《山魂》。

俊哥打开封面,大叫:"爸爸,里面有你名字,这是你出的书?"

俊爸说:"不是啊,这是我恩师蔡品高先生的著作。蔡老师一生清贫,退休十几年了,现在 70 多岁了,一直有个理想就是出本自己的书。我们几个学生支持了一点点资金,他就把我们名字印在书上了。"

于是我们坐下来,听俊爸满怀深情地回忆当年蔡老师骑车骑了一整天,给家住山里的俊爸送录取通知书的故事。

蔡老师是俊爸的高中语文老师和班主任。二十多年前的那个夏天,俊爸日盼夜盼的大学录取通知书终于寄到了学校——可是家在山区的俊爸却并不知道。蔡老师一看通知书上的报到日期,时间非常紧急,而俊爸家里也没电话。怎么办?

蔡老师饭也没顾上吃,甚至没带上一瓶水,二话不说踩着自行车就出了门——这都是后来师母告诉俊爸的。

俊爸家山路崎岖，五十多岁的蔡老师在酷暑的烈日下骑自行车给俊爸送录取通知书，骑了一整天。只有深爱学生的老师，才能为学生如此付出！

经过九曲十八弯，翻山越岭，上坡下坡的颠簸，蔡老师终于把录取通知书送到了俊爸家。俊爷爷激动地去集市买肉，回来却发现蔡老师已悄悄返城……

俊爸接到通知书的第二天一大早马上出发，坐拖拉机进城，坐一整天的汽车到江西鹰潭换火车，到上海坐 40 个小时轮船……舟车辗转三天三夜终于抵达大连，及时赶到大学报到。

每次俊爸说起此事，就激动不已！我也深受感动，叫俊爸一定记着老师的恩情，平时多联系着，找机会好好报答。

灯光下，俊爸给俊哥读恩师写的书。书里有俊爸他们班的学生们的故事，有蔡老师一生饱读诗书的故事，整个书房洋溢着书香洋溢着感恩的美好……

春节回乡，我们开车请 70 高龄的蔡品高老师，重走当年他骑车百里给俊爸送录取通知书的山路，依旧消瘦却相当硬朗的蔡老师欣然应允。一路上，蔡老师深情地望着车窗外，如数家珍地回忆当年他顶着烈日、饿着肚子、为了让学生及时到大学报到而拼命赶路的情形，说着说着竟潸然泪下……

俊哥发现了，扭头悄悄告诉我：妈妈，老师哭了！

我拍拍俊哥肩膀说：孩子，老师是高兴！

青山依旧，绿水长流，尽管山路已不再崎岖，老师对我们的恩情却永远山高水长！

曼曼的改变

曼曼是俊哥的朋友，比俊哥大一岁，去年随父母工作变动到了美国旧金山生活、学习。暑假我们去美国旅行，他们一家热情地招待，给我们自驾游当向导。一路上，曼曼的妈妈胡老师和我聊教育，她告诉我，到了美国，曼曼有很大的改变。

"来美国半年多了，昨天曼曼从学校回来，带回了在美国得的第一张奖状，是鼓励她读书笔记写得好！我们都很开心，拍照留念，还把奖状贴在了客厅的墙上！

"美国教育很重视孩子的阅读，无论是在学校还是在家里，孩子有很多时间都是在阅读，包括电子阅读的作业还有纸质的书籍。图书馆都是家长带着孩子去借书还书，从小家长就陪孩子读书讲故事。

"曼曼今天早上上学前问我：'妈妈你知道我现在为什么那么喜欢上学吗？'我说不知道啊！她告诉我因为学校有好多有意思的书她非常喜欢读！我听了很欣慰。在国内孩子总有写不完的家庭作业，重复地书写作业是为了应付考试。还有上不完的课外辅导班，真正读书的时间很少。在这里曼曼很快就养成了爱读书的习惯！她的英语也进步很快，老师也经常表扬和鼓励她。她很自信地告诉我，再过一段时间就可以和同学用英语流利地交流了！想象着女儿一年后就能说一口流利说英语真是很开心！"

不动笔墨不读书，曾经的古训，在电子阅读时代似乎已很遥远。但在阅读发达的国家，帮助孩子做读书笔记是父母和老师必做的"功课"。

读书笔记并不是给孩子一本笔记本了事，他们的"笔记"其实就是几张 work sheet（工作纸），"装扮"一下，就可以给孩子用了。

这是美国的老师为小学生准备的，其实学龄前的家长也可以参考着用。阅读笔记的主要内容包括，一、回顾和总结你所读的内容。二、给出你的理解和反馈。

第二条是重点，其中包括：

1. 是否喜欢这个故事，或同意书中的观点？
2. 你对书中主人公的态度和感受？
3. 是否能联系到你的生活经验？
4. 是否能联结起你读到的其他文本？
5. 如果是科学或论证类的作品，作者是如何论证 TA 的观点的？
6. 你对作者及作品的总体分析评价？

在低龄阶段，没必要面面俱到，侧重于对故事和主角的了解，对主要事实的描述，对日常词汇的感受和积累即可。

曼曼的妈妈告诉我们，美国小学生都可以免费下载一个 RAZ－KIDS 的 App，每天回家都要阅读里面的内容，按 A－Z 分级，越到后面越难，是一个循序渐进的阅读过程。除了在 App 上阅读文章，还可以拿阅读奖励的积分去购买装饰品来装饰自己喜欢的卡通人物，曼曼的阅读积极性大大提高。

曼曼的爸爸郭老师说，曼曼以前在国内报了拉丁舞，钢琴，美术，古筝各种学习班，现在在美国只上她最喜欢的拉丁舞。孩子空闲时间多了，状态放松了。作业也很少，很多时间自由阅读和锻炼身体，孩子很喜欢上学和阅读了！

……

我欣喜地听着曼曼的爸爸妈妈说着孩子的改变，一路观察着眼前这个小女孩变得越来越彬彬有礼和开朗活泼,已然是小淑女一个。

祝福曼曼,书香让你如此优雅!

爱读书的保安叔叔去哪啦

晚饭后在小区散步,俊哥问道:"妈妈,那位保安叔叔去哪啦,好久没见到了?"

我正边走边构思文章,一时没反应过来俊哥说的谁:"哪位保安叔叔?"

俊哥说:"就是那个常常跟我们借书的保安叔叔啊!"

哦,想起来了,那位保安叔叔姓李,一直也不肯说名字,让我叫他小李。还真的有大半年没见面了,难道辞职了?回老家了?

小区的保安大多干不长,不是回老家了,就是辞职不干了。这个工作确实很辛苦,又比较枯燥,收入还不高,年轻人能坚持的不多。但小李是个例外,算是干的时间比较长的。他是个很阳光的小伙子,特别乐于助人,老收到业主的感谢信,不是帮助老人,就是帮忙拎重物。那次我和俊哥从地坛书展买了不少书回来,小李看到了主动跑过来帮我们搬到家。我拿些水果感谢他,他怎么也不肯收。我看他一再推辞,就不勉强。就在我们和他说再见的时候,我觉察出他的欲言又止。

我在想,小保安想说什么呢?

俊哥也敏锐地发现了,他静静地看着保安叔叔,一脸诧异。

就在这时候,小李说出了让我惊诧的话:"姐姐,我经常看你带孩子买书,我想您家一定很多书。不知道有没有适合我看的,能不能借一些给我看?"

我一听,真是惊诧又惊喜!俊妈不仅爱书,更喜欢爱读书的人。面前站着的小伙子,虽身为保安,却不要任何物质感谢,而要向我借书看,真让我高兴!

我马上爽快答应了小李,让他等我几天,我会给他送书去,他一脸期待地离开了。

小李一走,俊哥马上问我:"妈妈,咱家那么多书,你为什么不马上给叔叔拿几本呢?你是不是小气?"

哈哈,看着俊哥一脸认真,我好感动:"俊哥你好可爱,好体贴叔叔求知若渴的心情。"

俊哥:"妈妈,什么是求知若渴?"

我说:"昨天我们下楼跳绳,没带水壶,你是不是很渴啊?那是什么感觉呢?"

俊哥:"就是很想很想马上喝到水!恨不得一口气喝一大杯!"

我说:"说得好!求知若渴就是这个意思!叔叔想看书,就像你想喝水的心情!"

俊哥:"那你还不立马给叔叔来几大本啊!"

我大笑:"哈哈,来一桶!"然后问俊哥,"昨天我让你喝一大杯了吗?"

俊哥回忆了一下:"没有,你说越是渴,越要小口小口慢慢喝,而且要喝不太热也不太凉的温水。"

我说:"好极了!读书也一样,不要一下子来几大本,要细水长流慢慢读!"

俊哥笑了:"哦,这样啊!"

我继续说:"而且,李叔叔这么想读书,我不能草率地给他随便拿几本,而要认真挑选。我们给爱书人挑书,要像奶奶给爱

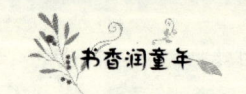

吃蔬菜的俊哥做菜一样，有挑选，有配搭，营养合理……"

俊哥马上说："色香味形俱全！"

我赞成道："对极啦！"

接下来的三天时间，我和俊哥认认真真地给保安叔叔挑选书。我和俊哥一起讨论，给他什么书合适呢？

俊哥说，保安叔叔站一整天很辛苦，不要给他拿太厚的书，读了太累。我赞赏他的体贴入微。

俊哥还说，保安叔叔天天看车辆进进出出，一定也喜欢车，给他拿本车书吧。我非常赞同。

俊哥又说，你不是叫保安叔叔小伙子吗，或许他也喜欢看我们小孩子看的书呢。我笑了。

三天后，我和俊哥拎着一纸袋约十来本我们精心挑选的书，郑重其事地来到会所，小李的值班岗。

当小李在等待三天后，看我们如约而至，带来了他渴望的书，那喜悦和感动的表情，我至今难忘。

从此，保安叔叔经常来向我和俊哥借书看；我和俊哥经常给保安叔叔送书到岗亭。我渐渐地感受到小李的变化，他的优点远不止乐于助人，他爱读书，爱思考，还问我一些问题。我欣喜地看到他的成长与蜕变。

可是，近半年就没怎么见到小李了。他去哪儿了呢？怎么可能不辞而别呢？其实俊哥问起小李之前，我就想过多次这个问题。我相信，小李还会出现。爱书人之间有一种不是那么容易就被淡忘的友谊和默契。

春去冬来，一转眼北京的冬天又来了。这天物业工程师照例来检查暖气。我打开门，看到一张熟悉的脸。俊哥抢先叫道："李叔叔！李叔叔！"

正是小李。已经不穿保安服了，换上了物业技术人员的制服，拎着工具箱，不变的是一脸的阳光和微笑。

小李进步了。和我的预感基本吻合。我看着他熟练地检查暖气的背影，心中好欣慰。

检查完毕，小李让同事先走。他激动地抱起俊哥，说很想念他。

俊哥马上说："那你怎么不来看我们？你明明知道我们住在这啊！"这快言快语的俊哥啊！

小李认真地说："我就是想给你们一个惊喜啊！我等这一天等了好久——以一个工程师的身份来到你们家！"

这话说得多好啊！

小李告诉我们，他看了很多我们借给他的书，也想了很多，想改变自己，改变现状。于是他去买了工程技术方面的书学习，又参加培训、考试，取得了从业资格证书，然后就在小区物业顺利地由保安升级为技术人员了。

我真替他高兴！俊哥也很开心："哦，那你以后都可以给我修小汽车咯！"

小李幸福地笑了！

小李走后，俊哥问我："妈妈，李叔叔怎么可以当工程师了呢？就是因为他读了很多我们借给他的书吗？"

我说是的，读书可以改变命运，可以让人做更有技术含量的工作，可以给人带来更多选择的权利，可以看到更广阔的世界和更丰富的风景。

不知道俊哥听懂没，极少给他讲大道理的我今天忍不住抒情了一下。小李的变化让我太激动了！

这个冬天，小李检查过的暖气运转特正常，家里特别温暖！

小麦当店长啦

我们小区属于换房率比较高的社区，可能是因为小区品质不错，还有配套的幼儿园和小学的缘故吧。

小区西门的一排店商，就有好几家房屋中介店。在俊哥开始对数字感兴趣的那段敏感期，每天晚上我带俊哥散步，路过那，俊哥就特别喜欢看中介店贴出的房屋广告。上面很多数字，房屋的价格、面积、年份等等。俊哥指着一个个数字，念出来，又问问我数字旁边的汉字的意思。我就给他解释，顺便说说房屋买卖、租赁的常识，俊哥听得津津有味。

我们就这样聊着，引来了不少中介叔叔，以为我们要买房。大部分中介，看出我们不是买房人，就走开了。有一位中介叔叔，每次我看他停留在我们身边很久，观察俊哥，倾听我和俊哥的对话。我想，这个小伙子有点特别。

终于有一天，这位中介忍不住了，过来和我们搭话。

他说："姐姐，我观察你们很久了，你带孩子很特别，很耐心，很善于引导。"

我说："谢谢！我也观察你很久了，你当中介也很特别，明知道我们不买房，还关注我们。孩子多大啦？"

他惊讶地问："姐姐怎么知道我当爸爸了？"

呵呵，我做家教多年，观察孩子，沟通家长，跟随包祥老师讲家教，解答家长们各种问题，稍微积累了一些经验。无他，唯用心耳，熟能生巧罢了。

他自我介绍姓麦，八零后，女儿两岁，在老家由奶奶照看，他妻子也在北京打工。

我皱了下眉头，又是一个留守儿童，又让孩子老问：爸爸妈妈去哪儿了！

小麦说，孩子两岁了，很逆反，不听话。自己刚刚当中介，业务也不熟，几个月都拿不到奖金，工资还不够小两口在北京租房吃饭，很郁闷。

我看小麦挺有诚意，便和他聊了聊：是想打道回府，回老家混，还是继续北漂；继续北漂，是想改行干别的，还是继续当中介；继续当中介，是想浑浑噩噩混日子，拿个基本工资，还是想干得专业干得漂亮，改善自己和家人的生活；想改善，那就努力读书，钻研业务，勤快带客户看房，积极行动起来，而非坐等加抱怨。

小麦很有悟性和行动力，半年后我和俊哥逐渐看到他的改变：不再默默地躲在角落打发时间，而是热情大方地带各种客户看房，始终面带微笑；没有客户时不再随大流地在店门口闲聊，常常拿着本书在读；见到我和俊哥时，说得更多的是业务进展怎么样，最近行情怎么样，他已经对自己的领域相对熟悉起来……有时候也聊到孩子。我看时机成熟了，开始给小麦讲家教，讲两岁孩子的自我意识觉醒，讲尊重孩子，讲父母亲自带孩子的重要性。我明显感觉到小麦的状态好起来，思考问题的视角宽阔起来。

新年时，见到小麦，居然给俊哥买了礼物，而礼物居然是书！小麦说休息日去逛书店给女儿买书，也给俊哥买了几本当新年礼物。还告诉我们好消息：他的业绩持续上升，已经被推荐当店长啦。小麦兴奋地说，等挣得多一些了，在北京租个大一点的房子，把老人孩子接过来。

俊哥高兴地说：那我可以和妹妹玩咯！

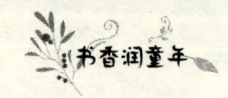

读书人一定有办法

"读书人一定有办法"这句话,是俊哥在读了《爷爷一定有办法》这本书之后,自己改编而成的。现在这句话成了我们共同的口头禅,遇到问题深入思考,找书解答,并且,相信"一题三解",一个问题一定有三个以上的解决办法。

荣获加拿大克力斯堤先生书奖、露丝·史瓦兹奖及维琪·麦卡夫奖的《爷爷一定有办法》原本是一个流传已久的犹太民间故事:约瑟从小就和爷爷建立起深厚的感情,他相信爷爷一定有办法把旧东西变成新的东西……果然,爷爷能把毯子变成外套,又把外套变成背心,还能把背心变成领带、手帕甚至纽扣。俊哥说:"千变万化,像乐高!"

在和俊哥一起读这本书时,我们不仅对爷爷的创意鼓掌喝彩,对美丽的绘图精心欣赏,还拓展出"俊哥一定有办法"的鼓励之语。我建议读此书时不仅可以潜移默化地向孩子传递爱物惜物、心灵手巧、勤俭节约等理念和温暖爱意,还可以延伸开去,让孩子看到:每一件事情都有无限的可能性,每一个问题都有多元的解决方法。这也是我常常对俊哥用的启发式教育。

鸡汤太烫怎么办

俊妈:来喝鸡汤咯,俊哥!

俊哥:来啦!我最爱喝的长汀河田鸡的鸡汤!

俊妈:快享用吧!

俊哥:啊,有点烫!

俊妈:那怎么办呢?

俊哥：吹！

俊妈：还有呢？

俊哥：拿扇子扇！

俊妈：一个问题总有三个以上解决办法！

俊哥：拿勺子舀起来，舀起来！一会儿就凉了！

俊妈：很好！继续！

俊哥：拿两个碗，把汤倒来倒去！

俊妈：非常好！还有呢？

俊哥：有没有更凉的汤，把它和热汤混在一起，不就凉了？

俊妈：非常棒！办法越想越多哦！

俊哥：还有就是，和妈妈一直聊天，聊到汤都凉了呢！

俊妈：哈哈，快喝鸡汤吧！

自行车的车锁没带怎么办

那天早上我骑车到了工作室才发现车筐里的锁不见了！一定是昨晚俊哥把我的锁拿去玩，忘记放回车筐了。晚上回去我和俊哥说完以后玩了车锁请及时归位之后，接着问俊哥，如果他遇到没车锁的情况会怎么处理，怎么保证停车安全，俊哥马上想到两种方法，一是找保安帮忙看车，二是把车推进工作室，我又与他启发式探讨：三是找同事的车锁一起……这是我们俩经常的交流方式，相信"一题三解"，一个问题一定有三个以上的解决办法。

眉州小吃吸引顾客的九大理由

附近有个眉州小吃，偶尔我会带俊哥去那吃饭。今天中午十二点过去，居然人满为患，还要排队等位。有些人不耐烦，吵吵嚷嚷走了。我问俊哥等不等，俊哥说等吧，不着急。我喜欢他的

161

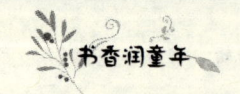

淡定，就陪他一起等。

等的时间做什么呢？我对俊哥说，我们来说说，眉州小吃为什么这么招人喜欢吧。

俊哥：好吃呗！

俊妈：对，第一点肯定是好吃。还有呢？

俊哥：还有啊……我爱吃。

俊妈：嗯，不过这和第一点有点像哦。

俊哥：有宫保鸡丁！

俊妈：哈哈，对，有特色菜，算第二点吧。

俊哥：什么叫"特色菜"？

俊妈："特色菜"就是别人没有，就他有；或者别人也有，但没有他做得好。也就是，"人无我有"和"人有我精"。

俊哥哦。

俊妈：还有呢？

俊哥：菜做得快，也做熟了。

俊妈：嗯，这是第三点，上菜快。很好！我们上次去××吃，是不是等半天没上菜啊？

俊哥：对啊，以后我们就不爱去那吃了。

俊妈：继续！

俊哥：嗯，阿姨还挺好。

俊妈：嗯，这是第四点，服务不错，对吧。

俊哥：是啊！

俊妈：还有呢？

俊哥：不知道了。

俊妈：今年中秋节咱们去哈尔滨玩，你学来的那句什么"砂锅米饭"，下一句什么？

俊哥：好吃不贵！

俊妈：对极啦！不贵，是大多数人可以接受的价格，所以吃的人多啊！这是第五点。

俊哥：还有呢，你说吧！

俊妈：还有啊，你看，为什么这么多人拉着行李箱？

俊哥：嗯，为什么啊？

俊妈：刚刚咱们进来，经过什么酒店？

俊哥：如家酒店！

俊妈：对啊，很多住酒店的人来这吃饭啊！

俊哥：哦，挨着酒店也是个好处啊！

俊妈：对，这是第六点！

俊哥：还有呢？

俊妈：还有啊，眉州小吃的门口是个什么口？

俊哥：地铁口！

俊妈：对啦，地铁口的人是最多的。好多人走到这，饿了，来吃饭啊。

俊哥：第七点！还有呢？

俊妈：都七点啦，还有啥？

俊哥：还有，这里还卖水果！

俊妈：对啊，咱们买过他们什么水果？

俊哥：枇杷啊，石榴啊，柚子啊，端午节还有粽子！

俊妈：这些叫"附加产品"，可能也是眉州招人喜欢的原因之一呢！算不算第八点？

俊哥：算！

俊妈：好！除了卖水果，这里还发什么啊？

俊哥：嗯，发《眉州人报》！

163

俊弟从小爱看书

俊妈：对啊！妈妈曾经说过，一个有自己报纸、有自己文化的企业，一定会怎么样啊？

俊哥：做得久！

俊妈：对啊！《眉州人报》我们是不是爱看啊，当一个企业的文化吸引了你，你就对它产生依赖了！

俊哥："依赖"是什么啊？

俊妈：就是离不开啦！

俊哥：还有呢？

俊妈：还有啊……来啦来啦，服务员叫我们了！有饭吃啦！

俊哥：好嘞！

……

每一件事情都有无限的可能性，每一个问题都有多元的解决方法。鼓励孩子成为"解决问题专家"，爷爷一定有办法，孩子也一定有办法。带着孩子读书、思考、观察、启发，相信：读书人一定有办法！

跋：

读书写作　生命之爱

王莉

识字早，三四岁开始读《儿童文学》《少年文艺》，那是姐姐们读剩的书。没人带我玩儿的时候，躲在角落读书自娱。从儿时起，书就成为我最忠实的朋友。

南方小城漫长的夏日午后，在阁楼一角读着读着，天色渐晚，楼下传来妈妈下班回家的脚步声。我这才合上书本，下楼迎接妈妈，迎接晚餐，迎接一天独自读书后的角色转换——从那个孤独的阅读者，变回爸爸妈妈的心肝宝贝，享受暖洋洋的亲情。

读书是童年的一大主题。读着读着，就自己握起笔来。于是写字也早，三岁半上幼儿园时已经会写很多字，初入园时把抄满唐诗的本子带去给老师看，把18岁刚刚幼师毕业的小老师吓了一跳：怎么写了这么多？

七岁上小学。那时候福建都是七岁才允许入学，六岁时妈妈找关系想让我早一年入学，老师看我瘦瘦小小的，摇摇头。我只好回到幼儿园又读了一年大班。看着身边那些小屁孩们，好幼稚啊。读书，读书才能让我心里有些许充实。他们打闹，我读书。

园里有一艘大大的红色的木船,我常常坐在船上靠边的位子,读书,幻想。幻想船舷外就是大海,幻想我没见过的大山外面的世界……

一年级开始写日记。日记本封面郑重写上"他人莫阅,君子自重"。再大一些,会把零花钱攒起来,买那种豪华的带锁的日记本,全城仅有长汀一中对面的博雅书屋有卖。那时候,在我眼里博雅书屋是高雅的象征,是我最早的"三味书屋"。

就这样,记日记的习惯一直持续到中学、大学、现在。天天写,日日记。旅行中亦坚持记,哪天不记就觉得心里空落落。

后来,读到许多关于写日记的故事。曾国藩记日记从未间断,他以日记的方式来促使自己每天反省、检讨,以取得心灵上的日新日日新的效果,他在给弟弟的信这么写道:"余自十月初一立志自新以来,虽懒惰如故,而每日楷书写日记,每日读史十页,每日记《茶余偶谈》一则,此三事未尝一日间断。"叶圣陶也有写日记的习惯,从少年时期开始写,几乎没有间断过。周国平则五岁时就自发地写日记了,他说日记是灵魂的密室,日记使人拥有了一个更丰富的人生,人活在世上,不但要过外部生活,而且要过内心生活,记日记则是过内心生活的最佳形式。

我个人认为,记日记是让你保持对生活的细微体察和深入思考的最好方式。日子一天天过,我们不是一个只知道吃喝玩乐的皮囊,也不是一个只会读书、进行"输入"而没有思考、记录和"输出"的接收器。我们还要做个播种机、"输出器",播下我们的感悟,输出我们的见地。人的尊严是他的独立性和与众不同性。世界上就一个我,我是如此独特,我对每一件事情有自己的感受和看法。无论事情大小,不管看法高下,我思考过,并记录下来,不需要别人看,也不在乎别人评。我就是我。这就是我。

足矣。

　　几十年记日记的习惯，练出了我的"快笔"，写作起来文思泉涌，速度较快。文章是思想的彰显，我想，能快速写出东西至少是思维活跃、敏捷的表现，至少对以后预防老年痴呆症有好处。我就是喜欢这样，保持思考习惯，保持写作习惯，并且能高效地写下所思所想。且不说可以为著书立说提供基础和保障，单就我自己享受这一思考与写作之快感，已很幸福！

　　小学时开始在《小学生周报》、中学时在《中学生作文》等发表文章，那算是最初的写作吧。大学时兴致勃勃给《收获》寄稿，收到退稿信："你的文字很美，但不是小说，是散文。散文适合你，继续写吧。"谢谢负责任的编辑，这么用心给我回信。大学毕业后到北京的第一年，开始给北京各大报纸副刊写稿，当时北京的纸媒三巨头《北京晨报》《北京青年报》《京华时报》争相发表我的散文，频繁到什么程度？副刊编辑来信叫我多提供几个笔名，因为怕领导和读者说怎么副刊总是王莉的名字！于是那阶段的副刊上常出现笔名"瑞莉""蔚岑"的文章。每天早上到家附近的报摊买报纸成了一大乐事。一买就买很多种，哪一种报纸有我文章则多买几份，自己留存并寄给妈妈。起初报摊老板对我很是戒备，以为我立志成为他同行，盘算着也要经营个报摊。后来偶然发现我竟是报纸作者，对我肃然起敬，立马绽放如花笑容。后来网络发达了，各大报纸有了自己的论坛。论坛是个圈子，你要常常在里面参与讨论才能积累人气。人气高者，文章发表频率就高。自从某报副刊要求作者必须进论坛才能投稿，我从此不再看它。这违背了我特立独行的原则和安静写作的习惯。我认为君子之交淡如水，文人之间不需要太多交往尤其不需要太密切的群体交往，互相欣赏则"心有灵犀不点通"。我喜欢张爱玲

那句"在没有人与人交接的场合，我充满生命的欢悦"，于是果断放弃我不喜欢的东西，回归到默默写作的欢愉中。我兀自写着，自娱自乐，不发表没关系，敝帚自珍；发表可以，但若要以违背我性格的做法为代价，做不到。所以，我喜欢池莉，特别有个性，坚持自己的风格和立场，绝不迎合绝不谄媚。她有一段自白："文坛就是江湖，如我般又臭又硬还冷的性格，自然被潮流所忽略。"我就喜欢这样不随波逐流。

写作苦。别人玩乐你在写；别人休息你在写；别人甘于肤浅，做一头快乐的猪，你偏要自找深刻，做一个痛苦的思想者。找不到感觉，写不下去却又不肯半途而废时最苦。

写作甜。文思泉涌甜，柳暗花明甜，写出个自己满意的小文乐不可支，写出本呕心沥血的大作苦尽甘来。找到灵感找到创意，"蓦然回首那人竟在灯火阑珊处"时，喜极而泣。

最欣赏董桥所说："著书立说之境界有三：先是宛转回头，几许初恋之情怀；继而云鬓缭乱，别有风流上眼波；后来孤灯夜雨，相对尽在不言中。初恋文笔娇嫩如悄悄话；情到浓时不免出语浮浪；最温馨是沏茶剪烛之后剩下来的淡淡心事，只说得三分。"真真把这写作之苦乐交织描摹得入木三分！

读书、写作，交替进行着。只读不写不行，不写难受，不写不快，不写永远不能形成并记录自己的独立思想；只写不读不行，文思枯竭，灵感苍白，没有厚重的阅读做根基，写作之树不可能常青。就这样，我读着，写着。我喜欢"数间茅屋闲临水，一盏秋灯夜读书"的寂寥而充实；我欣赏"无事且从闲处乐，有书时向静中观"的洒脱与淡定；我喜欢"书卷多情似故人，晨昏忧乐每相亲"投入与惬意和"眼前直下三千字，胸次全无一点尘"的畅快淋漓。

跋

读书写作是生命之爱,所以带孩子读书写话就自然而然了。

也有觉得写作不好的时候,就是她侵袭了我陪伴家人的时光。当孩子呼唤着要我陪伴而我确实陷入写作的沉思中不能自拔不愿受扰时,当老母亲坐在我身边看着我写作,想和我说话又怕打扰我而欲言又止时,我扪心自问:我在干吗呢?我首先是母亲是女儿然后才是个作者。世间最为宝贵乃亲情,虽我著书立说并不为名,只为自我实现并惠及他人,但我首先应该担当之责任乃是为人母为人子。于是,住笔,全心陪伴孩子和母亲,这时候我才是真正的生活中人。

当然,除此之外,我尽情享受着自己的爱好,享受这上苍赋予的灵感的喷泉、文字的盛宴。此书自甲午年冬启笔,写到了当下的丁酉年春,正好在立春之日收笔。犹记得深夜的书房寒气袭来,一次又一次到卧室添衣,到厨房添热水沏茶。再回到书房,读着写着,添着前人的才气书香,添着好书带来的温暖与力量,添着一页页把自己都感动了的诗行,送走一个又一个夜晚,迎来一个又一个黎明。不觉,窗前的玉兰花盛放了……时光自笔下流淌,期间旅行美国、新加坡、马来西亚等国,并在国内各省游历,一路思考一路行,一路感慨一路歌;期间二宝出生,孕期开始给他读书,出生后就给他讲故事,二宝现在已经很会"乱翻书"……

读万卷书行万里路写率性文,我践行着,享受着。

读书写作,我的密友,与我时时处处天天相伴!

读书写作,生命之爱!

(丁酉年春于北京清风明月轩)